中华优秀传统文化
涵育时代新人研究

ZHONGHUA YOUXIU CHUANTONG WENHUA
HANYU SHIDAI XINREN YANJIU

郭晓杰 著

知识产权出版社
全国百佳图书出版单位
——北京——

图书在版编目（CIP）数据

中华优秀传统文化涵育时代新人研究 / 郭晓杰著. —北京：知识产权出版社，2024.8

ISBN 978-7-5130-9285-2

Ⅰ.①中… Ⅱ.①郭… Ⅲ.①中华文化—教育研究 Ⅳ.①K203

中国国家版本馆 CIP 数据核字（2024）第 030359 号

内容提要

本书紧扣新时代的定位与坐标，在对中华优秀传统文化与时代新人的内涵进行解读的基础上，阐述了中华优秀传统文化涵育时代新人的重要意义，分析了中华优秀传统文化与时代新人之间的逻辑耦合，归纳了中华优秀传统文化涵育时代新人的内容选择与内容创新，最后探究了中华优秀传统文化涵育时代新人应遵循的基本原则及具体的实践理路。本书旨在通过中华优秀传统文化的传承与弘扬实现"育新人"的目标，为中华民族伟大复兴提供有益的文化资源及输送源源不断的时代人才。

本书适合青少年及学校教育理论工作者阅读使用。

责任编辑：李海波　　　　　　　责任印制：孙婷婷

中华优秀传统文化涵育时代新人研究

ZHONGHUA YOUXIU CHUANTONG WENHUA HANYU SHIDAI XINREN YANJIU

郭晓杰　著

出版发行：知识产权出版社有限责任公司	网　址：http://www.ipph.cn		
电　话：010-82004826		http://www.laichushu.com	
社　址：北京市海淀区气象路 50 号院	邮　编：100081		
责编电话：010-82000860 转 8582	责编邮箱：laichushu@cnipr.com		
发行电话：010-82000860 转 8101	发行传真：010-82000893		
印　刷：北京中献拓方科技发展有限公司	经　销：新华书店、各大网上书店及相关专业书店		
开　本：720mm×1000mm　1/16	印　张：11		
版　次：2024 年 8 月第 1 版	印　次：2024 年 8 月第 1 次印刷		
字　数：160 千字	定　价：68.00 元		

ISBN 978-7-5130-9285-2

前　言

　　文化兴则国运兴，文化强则民族强。五千多年来形成的中华优秀传统文化在历史车轮的前进中渐渐沉淀为中华民族的文化基因和宝贵的精神财富，始终为实现民族梦想提供着丰富的资源。中华优秀传统文化不仅是一种传承千年的历史积淀，更是一种为个体和集体提供共同价值观和认同框架的重要文化传统。"中华民族有着深厚文化传统，形成了富有特色的思想体系，体现了中国人几千年来积累的知识智慧和理性思辨。这是我国的独特优势。"❶中国人之所以为中国人，中华民族之所以为中华民族，是因为他们始终深深植根于中华优秀传统文化的土壤之中，没有中华优秀传统文化，我们就无法确证自我的身份与文化认同，中华优秀传统文化在支撑国家发展、塑造中国人个性上发挥了极其重要的作用。新时代孕育新生命，新时代呼唤新使命。党的十九大报告提出"以培养担当民族复兴大任的时代新人为着眼点"❷，这是对"培养什么人"育人目标的新时代表达，明确表述了时代新人是能够担当起中华民族伟大复兴重任的社会主义建设者和接班人。传承和创新中华优秀传统文化是国家发展与时代进步的需要，更是增强时代新人文化自信的根基所在。在推动文化大发展大繁荣的时代，优秀传统文化以其自身的特点和优势无时无刻不在浸润与滋

---

❶ 习近平. 在哲学社会科学工作座谈会上的讲话 [M]. 北京：人民出版社，2016：17.

❷ 习近平. 决胜全面建成小康社会　夺取新时代中国特色社会主义伟大胜利——在中国共产党第十九次全国代表大会上的报告 [M]. 北京：人民出版社，2017：42.

养着时代新人的思想观念、道德品质、理想人格和实践养成，处处彰显出独属于中国特色的文化魅力，是涵育时代新人的文化土壤与重要源泉。在当代各种文化交流更加深入、文化争锋更加激烈的形势下，以中华优秀传统文化中的基本精神和道德规范来涵养与培育时代新人，不仅能够促进中华优秀传统文化的创造性转化与创新性发展，尤其对时代新人的成长与成才具有重要意义，为实现中华民族伟大复兴后继有人提供源源不断的人才输送。

在"兴文化、育新人"的价值追求中提出以中华优秀传统文化涵养和培育时代新人，将优秀传统文化融入育人全过程，既凸显了中华优秀传统文化在中国特色社会主义教育中不可撼动的地位，也是将时代精神与传统文化相结合、坚持文化育人、落实立德树人任务的理论与实践的新课题。新时代，如何充分发挥中华优秀传统文化铸魂育人的功能，使中华民族的文化基因在时代新人心中生根发芽，是值得教育理论者为之思考和研究的重要问题。

本书总共分为五章，沿着核心内涵界定—价值定位分析—逻辑关系剖析—内容创新转化—基本路径遵循的逻辑主线，主要阐述在新时代背景下中华优秀传统文化何以可能及如何涵养和培育时代新人的问题。第一章是中华优秀传统文化涵育时代新人的内涵界定，界定时代新人及中华优秀传统文化的相关概念，奠定研究的基础。第二章是中华优秀传统文化涵育时代新人的价值意蕴，阐述以中华优秀传统文化浸润、滋养、培育时代新人的重要意义体现在哪些方面。第三章是中华优秀传统文化与时代新人之间的逻辑耦合，中华优秀传统文化与时代新人培育的关联密切，两者的融洽性不是人为造成的，而是有着天然的共通性，是文化育人在新时代的重要体现，主要论证中华优秀传统文化涵育时代新人在当代社会的合理性。第四章是中华优秀传统文化涵育时代新人的主要内容的定位及选择，中华优秀传统文化博大精深、内容丰富、覆盖面广泛，站在新时代的历史节点，如何选择和创新中华优秀传统文化的内容，是培育时代新人的关键所在。第五章是中华优秀传统文化涵育时代新人的实践路径探索，重点阐述如何对优秀传统文化革故鼎新，从而更好地适应时代新人的要求及更好地发挥中华优秀传统文化的助推作用，促进两者的融合，真正朝着在文化建设中实现"育新人"的目标努力，是进行本研究的价值旨归。

目　录

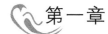 第一章

中华优秀传统文化涵育时代新人的内涵之维

内涵厘定是任何理论研究的基础，"时代新人"与"中华优秀传统文化"从语言学角度来讲本身是两个完全不同的表述，代表着不同的内涵。对时代新人和中华优秀传统文化的概念进行概述，旨在通过厘清两者的内涵及其对相关概念的阐述，确定它们的适用范围及边界，使两者在统一语境下和特定时空中的使用与解释具有合理性，能够为整个理论研究奠定基础。

第一节　中华优秀传统文化的相关概述

对"文化"和"中华优秀传统文化"概念的阐释是研究中华优秀传统文化的起点。只有明确这一内涵，才能对中华优秀传统文化的本质，如主要架构、基本特征进行阐释，从而深入理解儒家思想何以可能及如何成为中华优秀传统文化的主导思想，其他思想流派与儒学相互补充、相互交融，共同构成中华优秀传统文化的丰富体系，进而明确中华优秀传统文化多元一体的格局。正是由于中华优秀传统文化具有多元化、包容性及连续性等特征，当下的我们才能够尽情地享受一场传统文化的饕餮盛宴。

一、中华优秀传统文化的概念阐释

在中国传统语言体系中，最初"文"与"化"分开使用，代表着不同的内涵。《说文解字》中"文"的含义为，"错画也。象交文。凡文之属皆从文" ❶。"文"是一个具有纹理含义的象形符号，"文"通"纹"，像是交错刻画成的纹理或花纹。"化"字比"文"字出现的时间略晚，通常指生成、改易、教化等含义，表示事物的动态发展过程，如"万物化生"等。简单来说，事物的改变、融合、变化等一切变换都可称为"化"。由此可见，"文"与"化"在中国传统语言体系中所代表的内涵十分丰富，并逐渐引申为其他的含义。"文化"一词的复合使用可以追溯到春秋战国时期以后，最早见诸《周易》之中，"刚柔交错，天文也。文明以止，人文也。观乎天文，以察时变；观乎人文，以化成天下" ❷。"天文"与"人文"分别指的是天体运行规律和人类社会发展规律，强调人们应该通过观察和把握规律来了解天道和人道的变化趋势，从而推动社会历史的发展，在这里文化的教化功能与引领功能已经若隐若现。直至西汉时期，刘向明确将"文"与"化"连接为一体的词语，他在《说苑·指武》中指出："凡武之兴，为不服也；文化不改，然后加诛。"在国家治理中，德治与武力相对，这里的"文化"是动词，即以文化人、以德服人，是治理国家的一种手段。

"文化"的多面性质决定了学界关于文化的定义各持己见，仁者见仁，智者见智。文化是一个广泛而复杂的概念，学者们对"文化"的概念时常摸不着头脑而不知从何入手，正如美国人类学家洛威尔的感慨："我被托付一项困难的工作，就是谈文化。但是，在这个世界上，没有别的东西比文化更难捉摸。" ❸"文化"一词给诸多学者带来了很大的研究价值，如哲学意义上的文化、人类学意义上的文化、社会学意义上的文化、历史学意义上的文化、心理学意义上的文化、教育学意义上的文化等。文化在人类社会各个角落都扮演着重要角色，而各学科的研究角度和侧重点不同，也由此造成了对"文化"内涵的解读存在

---

❶ 许慎. 说文解字注音版［M］. 杭州：浙江古籍出版社，2020：302.

❷ 罗安宪. 周易［M］. 北京：人民出版社，2017：66.

❸ 李中元. 文化是什么［M］. 北京：商务印书馆，2014：66.

诸多差异。一般来说,学者们从广义和狭义两方面理解文化的概念达成了共识。从广义来说,文化是人类在社会发展中通过实践活动,利用、改造自然及活动对象过程中创造出来的所有物质文明和精神文明的总和,主要包含物质文化、精神文化和制度文化等方面;而狭义的文化则仅指精神文化,是指人类社会的意识形态现象和精神领域的文化现象,即人类创造的精神财富总和。

厘清文化的概念,为我们理解中华优秀传统文化的内涵奠定了基础。中华优秀传统文化从时空及性质等方面限定了文化。从时间方面来说,"传统"是一种历史积淀、具有稳定性的社会文明,是"人们在长期的生存实践中,经过反复选择、认同而形成的具有广泛社会基础的价值立场和行为范式"❶,对于中国而言,传统则是在过去中华文明五千多年的历史发展长河中积淀下来的价值观念和风俗习惯等。从空间方面来说,中华优秀传统文化的发生地是中华大地,由中华儿女创造于中华民族广袤的土地之上。从性质方面来讲,中华优秀传统文化不是通俗意义上讲的所有民族的文化,而是特指除封建和腐朽文化之外的对人类社会发展起促进作用的优秀文化。李宗桂在《试论中国优秀传统文化的内涵》一文中深刻探讨了中华优秀传统文化的内涵,他认为,中华优秀传统文化是指在中华民族悠久的历史发展过程中曾起过积极的作用,且现在还具有合理价值和现代价值,能够为中华文化的传承与创新起到积极作用的文化。❷一般来讲,中华优秀传统文化是指在中华大地上,中华民族在长期的历史发展过程中流传下来的具有本民族特质和稳定性,并对中国历史发展起到积极作用的各种思想观念、文化形态的表征,是中国人民几千年智慧的结晶。基于此,本书认为中华优秀传统文化是指中华儿女在过去长久的历史发展过程中创造出的具有中华民族个性特征和稳定形态的各种思想文化的总和,反映出过去社会发展过程中中华儿女现实生存状态并体现出中国人的文化需要和价值,

❶ 向怀林. 中国传统文化要述 [M]. 重庆:重庆大学出版社,2016:1.

❷ 李宗桂. 试论中国优秀传统文化的内涵 [J]. 学术研究,2013(11):35-39.

包括一切可以推动中国社会历史发展、提升中国人精神境界和中华民族价值认同的思想观念、风俗习惯、价值取向和行为方式。

在此，我们需要对中国传统文化与中华优秀传统文化作出一定的解释和辨析，从而在区别和辨析中把握中华优秀传统文化的内涵与特点。中国传统文化是中华民族在长期的历史发展过程中积累与沉淀所形成的影响人们生产、生活、思维方式、价值观念等一切有形无形的文化创造成果，它涉及人们社会生活的各个方面，包括思想、礼仪、习俗、制度、信仰、教育、艺术等各个层面。然而文化不是一个静态的概念，而是一个动态的发展过程，中国传统文化是中华民族活的生命，是"中国几千年文明发展史中在特定的自然环境、经济形式、政治结构、意识形态的作用下形成、积累和流传下来，并且至今仍在影响着当代文化的'活'的中国古代文化"❶。文化生命力的竞争中就一定存在淘汰与革新，在这场永不停歇的文化洪流中，只有那些适应历史与人类社会的发展大潮，曾对人们的道德观念、行为规范、精神世界产生影响，至今还能对人类社会发展起推动和积极作用的中国传统文化中的精髓与珍品才可称为中华优秀传统文化。这就明确指出了中华优秀传统文化的性质，是中国历史上独特而丰富的文化遗产的精华。因此，本书所讲的文化不是对中国传统文化的照单全收，所探讨的是具有普遍价值与伦理意义，并在中华文化长期发展中得到广泛认同与推广、为中华民族伟大复兴提供智慧与价值的优秀的中国传统文化，侧重于价值取向、思想意识、道德观念、伦理规范等精神文化产品。

二、中华优秀传统文化的主要架构

自从大地上孕育出了最早的人类，便开始了文化的创造。中国的远古

---

❶ 顾冠华. 中国传统文化论略 [J]. 扬州大学学报（人文社会科学版），1999（6）：34-40.

时期是中国文化产生的渊源,张岱年将中国文化的历史分为九个发展阶段,从远古时期到明清时期,基本涵盖了中国文化发展的全过程,有利于我们全方位地分析与把握中华优秀传统文化的历程。中国传统文化包含哲学、文学、史学、道德、宗教、教育、艺术、科技、礼仪、中医等方面,构成了中国传统文化庞大的内容体系。但在独特的自然地理环境、农业农耕生产方式、家国同构的社会组织形式、等级伦理的封建制度等多种条件的簇拥下形成了独具特色的以伦理型道德文化为主导的中国传统文化,尤其是以宗法制和君主专制为主要特征的社会结构模式直接导致中国文化的伦理型范式。徐复观也提出,对中国文化的研究应落实到中国传统思想史的研究中,古代对伦理关系的重视使思想道德文化在中国文化发展史中扮演了重要的角色,影响了世代中国人的道德观念、思维方式和行为规范,对于中国人精神世界的形成与固定,对中国文化的发展和传承产生了最为深远的影响。

中华优秀传统文化在历史长河中经历了不断的演变和融合,中华优秀传统文化之流既有主流,也包含着多种支流,共同汇集成中华文化的合流。中国古代社会也不是一种文化独领风骚,而是体现为一种复合式的文化架构。春秋战国的社会大变革时期,那个列国纷争的年代孕育出了儒家、道家、法家、墨家、名家、阴阳家等学派,开启了百家争鸣的多元思想文化交流争锋的经典局面,是中国传统文化发展的"轴心时代"。又经由汉代"独尊儒术"确立儒家思想的正统地位,经过魏晋隋唐时期的融合、合并等,再到宋明时期对理学的大力推崇,加之与宗教的交流融合,如佛教、伊斯兰教等也逐渐融合到中国传统文化中,进一步丰富了其内涵和外延,宋明之后逐渐形成了儒释道三足鼎立的局面。在以多元文化为主要格局的中华优秀传统文化的架构下,总存在一种主导思想对中国社会的发展起到凝聚与主导作用。张岱年认为,"文化之诸基本倾向,亦一切文化之所同有者。

各文化之不同，在于其畸重畸轻之不同，在于其何种倾向为主导"❶，并提出了儒家的价值观即中国文化主导的价值观，中华文化表现为儒家型。在封建制度的极大影响下，中华优秀传统文化大体呈现出以儒家为主体、以其他思想流派为侧翼的基本架构。

儒家思想是中华优秀传统文化传承与发展的主体。中华优秀传统文化之所以绵延数千年，正是在于以儒家为主导的中国哲学思想文化契合了中国社会与中国人民的需求。从中西方对达到真善美的途径对比而知，真善美始终是中西传统文化的普遍价值追求。柏拉图认为，通过思考、对话、思辨、反思及对理念世界的追求，人们可以超越现实的有限与缺陷，接近真理、善良和美的本质。但不同于西方对于真善美的理解与追求，儒家思想文化提出了一种道德内省与行为内化以达到提高自我道德修养和追求真善美的目标，道德修养强调个体的自我约束和对他人的关爱。在儒家思想中，道德的追求被视为一种内在的、精神层面的需求，通过修身、齐家、治国、平天下的途径来实现，且这种道德方式可以延伸至人与世界万物之间关系的处理与完善。不得不承认，这是世界上任何一种道德思想观念都无法企及的至高认识境界。"仁义""忠诚""礼义廉耻""民本""大同""和合"等儒家思想的核心要义经过不断磨合及发展与中国传统封建社会的价值观的政治导向相契合，所体现出的伦理道德与政治理念符合人类对真善美境界的追求，因此儒家的思想一直以来都在中国封建社会中扮演着核心角色。

儒家的主体地位在中国两千多年的封建统治社会中体现得淋漓尽致，始终是贯穿中国传统思想文化发展的主线，并长期受到封建统治者的青睐，被尊为国家治理的"正统思想"。儒家文化深刻地影响了中国古代的政治模式、社会制度、教育体系、道德伦理等方面，成为塑造中国文化和社会结

---

❶ 张岱年. 张岱年文集：第 3 卷［M］. 北京：清华大学出版社，1992：303.

构的主导力量。从中国封建社会两千多年的历史来看儒学的发展，从春秋战国的产生至明清时期，儒学经历了坎坷的变化过程。儒学的产生可追溯至春秋战国时期，此时期的中国社会政治发展正处于大变革、大动荡的"礼崩乐坏、王室衰微"之时，为适应人们对重建社会秩序与道德规范的急切要求，孔子提出了以"仁"为核心的伦理主张，认为通过修身、齐家、治国、平天下的道德修养可以推动社会进一步和谐发展，"仁"的思想是先秦儒学的精华。儒学思想集中代表了当时社会变革中氏族贵族社会的人文性格，从此正式开启了儒学思想的历程。而后孟子和荀子相继对孔子"仁"的思想进行继承与发扬，儒学得到进一步发展。孟子将孔子的"仁"扩展至"仁政"层面，提出了"民为贵，社稷次之，君为轻"❶的民本思想，是对孔子"仁者爱人"理念的进一步解读。荀子则继承了孔子"礼"的思想，礼是仁的价值目标，荀子推崇以礼治国，强调以礼教化民众，只有通过礼的途径和实践才能规范社会秩序，达到社会和谐。孟子与荀子对儒学的继承主要体现在他们建立了一种相对平衡的政治伦理观念，从而将儒学逐渐引入社会现实之中，赋予儒学更多实践意义，儒学思想体系不断壮大。两汉时期，汉武帝采纳了董仲舒"罢黜百家、独尊儒术"的建议，将儒学的发展推向史无前例的高度，确立了儒学在当时的正统地位。然而在这个过程中，董仲舒却将儒学披上了一层神秘化的外衣，提出"天者，百神之君也，王者之所最尊也"❷，将天神化，认为天是唯一主宰世界的神灵，强调"君权神授"，君主是神在人间的代表，君主的权力来自神灵的授予。同时，董仲舒主张儒学与宗教的融合，将儒学的教义奉若神明，认为儒学是求道修身的宗教信仰，主张通过儒学的修养实践，达到心灵与道德上的超脱和升华。汉代儒学经由董仲舒的演绎被置于一种超自然的神秘地位，虽然强化了儒学的权威性和神圣性，但出发点是强化"大一统"的中央集

---

❶ 孟子［M］. 杨伯峻，杨逢彬，导读、注译. 长沙：岳麓书社，2021：221.

❷ 春秋繁露［M］. 程郁，导读、注译. 长沙：岳麓书社，2021：195.

权统治，为封建专制统治作出神学辩护，却也成为禁锢人们思想的工具。宋初，儒学面临着内外双重挑战，岌岌可危，而宋代儒学的发展是承接着中唐韩愈开始的儒学复兴运动开始的，儒佛道三足鼎立的相互渗透催生了宋代新儒学的产生，余英时指出新禅宗、新儒家与新道家的入世转向都十分明显，"以致儒与释原先的深沟巨壑，也在不知不觉中遭到了调和式的解构"❶。新儒学以儒学为基础，吸收了佛道两家的主要观点而形成了理学形态，向心性论发展。程颐、程颢、朱熹等理学家们致力于对人与宇宙关系的探讨，形成了"理"学的思想体系。他们认为宇宙万物的本源是"理"，"格，至也。物，犹事也。穷至事物之理，欲其极处无不到也"❷，强调要揭示事物的本质，遵循万事万物运行的规律，"理"是第一性的，万物皆由理产生，万物皆为理的体现，这是程朱理学的核心范畴。程朱理学将"天理"与"人欲"相结合，使儒学与佛、道的融合具有合理性，关注到人与自然关系在儒学中的价值意义，开辟了中国政治哲学发展的新道路，将儒学推向鼎盛辉煌的阶段。而且理学深得宋代统治者的欢心，为维护封建社会的稳定和秩序提供了重要的理论支持，将儒学正式纳入官学教育体系之中。由于资本主义萌芽与近代启蒙主义的影响，明清时期是中国封建社会的政治、经济等逐渐走向衰落的重大转型期。一些进步的思想家开始对传统经学和理学进行批判与革新，造成了儒学发展史上的又一次思想争锋的活跃局面。以李贽为代表的思想家对传统儒学进行了批判与反思，指责儒家经典并非"万世之至论"，揭露道学的虚伪，反对歧视妇女和压抑商人。黄宗羲、顾炎武、王夫之等人也对君主专制表示不满，并提出"经世致用"的实践思想，主张将学问与实践结合起来，追求知识的实用价值，而不仅是为了追求知识本身。他们进行批判的本质不是对儒学的叛离，而是将矛

---

❶ 张新民. 儒释之间：唐宋时期中国哲学思想的发展特征——以儒学的佛化与佛教的儒化为中心 [J]. 文史哲，2016（6）：5-23，162.

❷ 大学　中庸 [M]. 赵清文，译注. 北京：华夏出版社，2017：11.

头直指封建专制制度与虚伪的假道学思想，为中国传统儒学的发展注入了新的活力和动力。同时，清代统治者在推动满汉文化融合的过程中，主动接纳并推广汉文化中的儒学，进一步扩大了儒学的影响力。

从儒学在中国封建社会的流变过程分析，儒家思想经历了繁盛与衰败的交替发展。任何社会都有占据主导地位的主流意识形态，而中国封建制度的根基决定了儒家的伦理道德在意识形态发展中的主流地位，儒家思想为中国古代社会提供了一套完整的思想体系和制度体系。西学东渐以后，儒学开始面临一系列挑战和质疑。随着社会经济的变革和西方思想的传入，人们开始对儒家思想提出批评，儒学的理论和实践在面对新的社会问题时显得力不从心，但我们始终不能否认它对中国社会所起的正向作用。正如李泽厚所认为的那样，他将孔子与儒家作为中国文化探讨的主轴，不是因为他对儒家的偏爱，而是"因为不管喜欢不喜欢，儒家的确在中国文化心理结构的形成上起了主要的作用，而这种作用又有其现实生活的社会来源的"❶。我们强调儒家在中华优秀传统文化中的主导地位，并不意味着忽视与放弃其他传统思想文化流派对中国社会发展所起的积极作用。事实恰恰相反，儒家的形成与发展离不开其他中国传统文化的相互渗透与相互作用，甚至有些学者将道家学派放在与儒家学派相等同的位置上，认为中国传统文化是以儒道两家为核心的基本架构。"中国传统文化是个复合体，不是儒家一家。讲哲学当推道家，讲逻辑当推墨家，讲战争当推兵家，讲种田当推农家，讲法治当推法家，当然，讲伦理道德首推儒家。"❷因此，中国古代其他思想流派是中华优秀传统文化传承与发展的侧翼。例如，道家思想强调人与自然的和谐，提倡简朴自然和保持内心平和；佛教思想则注重超越尘世和追求心灵上的解脱与智慧；法家认为要通过制定公平公正的法律，保护人民的权益，维护社会秩序，促进国家发展，强调法律在社会

---

❶ 李泽厚. 中国古代思想史论 [M]. 北京：人民文学出版社，2021：255.

❷ 陈先达. 中国传统文化的当代价值 [J]. 中国社会科学，1997（2）：30-40.

秩序中的权威性、公正性与普遍性。这些思想流派在中国历史上甚至在当代社会发展中所起的作用不可小觑，与儒家思想共同构成中华优秀传统文化的重要架构，任何时候都不能否认它们对中国传统文化的贡献。

三、中华优秀传统文化的特征

中华优秀传统文化之所以能够历经磨难从而在世界文明的历史长河中脱颖而出，得益于中华优秀传统文化的多元化、包容性和连续性的特征，中华优秀传统文化也因其具有强盛的生命力、持久力与传承力，从而对时代新人的发展具有积极作用。然而中华优秀传统文化的特征并不限于这三点，本书仅对具有学术界普遍意义的研究作出基本说明。

（一）多元化

中华优秀传统文化的多元性主要体现在地域的多元化、内容的多元化、思想体系的多元化及民族文化的多样性。第一，从中华优秀传统文化的发生根源来讲，中华大地地域辽阔广袤，黄河文化与长江文化构成了地缘上的多元性。黄河与长江作为中国的两大主要河流，不仅哺育了人类祖先，更是中华优秀传统文化生长的摇篮，对外展现出中华民族精神的独特魅力。两大河流所内蕴的文化意义不仅体现在自然地理风貌上，更体现在所承载的人文历史和文化传承上。以游牧文化、农耕文化为核心的黄河文化和以渔猎文化、农耕文化为核心的长江文化孕育出了各具特色的文化传统，"长江和黄河是'双联体'，构成了中华文化基因的双股结构"❶。第二，从中华优秀传统文化的具体内容来讲是多元的，它不仅囊括了中国的哲学、文学、艺术、教育等方面的内容，还包括了中国的宗教、民俗、语言、传统

---

❶ 李后强，李海龙．从长江黄河"双联体"看中华民族文化基因［J］．社会科学研究，2021（1）：165-173．

医学、农业文化、科技等方面的内容，具体的文化形态呈现多元化的特点。从广义来看，中国古代取得的文化成就数不胜数，涵盖了多个领域和方面，这些文明成果凝结着中国古人的心血与智慧，对世界的发展也起到了推动作用。第三，从中华民族的思想文化体系来讲，呈现出儒释道三足鼎立、相互融合、相互补充的局面。任何文化都不能孤立地存在于社会中，中国传统文化更不例外，林语堂认为儒释道三家的相互补充构成了中国人的思想主流，体现中国文化的特性，要以相对中立的眼光看待传统思想流派的正反作用。儒家的人伦道德和社会秩序、道家注重个人自由和自然和谐、佛教的心灵净化和超脱生死为人们提供了多种选择和追求，共同构成了中华优秀传统文化的多元化特征。第四，从中华优秀传统文化的社会人文因素来讲，中华民族的56个民族创造的文化均呈现出不同的特点。中华优秀传统文化是56个民族共同创造的文化集合体，其中，汉文化以其系统性、整体性、先进性等脱颖而出，在中华民族文化中占据核心地位，而少数民族文化如藏族的格言文化、壮族的布洛陀文化、苗族的刺绣文化及蒙古族的"那达慕"文化等，均是中华优秀传统文化的重要组成部分，在中华优秀传统文化的传承中具有一定的合理性，经过不断融合与吸收，逐渐形成以汉文化为主体、其他少数民族文化共同发展的多元一体民族文化格局。

（二）包容性

中华优秀传统文化具有突出的包容性，这些优秀的传统文化之所以保留并传承到今天，在于其始终秉持着包容并存和兼收并蓄的文化发展理念。中国历史上并没有出现较大的宗教纷争，一个重要的原因在于中国文化不是排斥与异化那些外来文化，而是通过吸收与整合，将其适合中国传统社会发展的文化因素融入中华传统文化之中，而这种包容并存的文化品质反过来又为中华文明的繁荣与发展注入了持续的动力和活力。周桂钿将中国古代思想发展史的总趋势归结为"分久必合、合久必分"的发展过程，"分"

与"合"是中国传统文化的两种状态，是传统文化整合与创新的必经之路，也是中国传统文化包容性的重要体现。"分"代指中华文化的多样性，例如，春秋战国时期的百家争鸣局面，不同思想流派之间不同观点和伦理道德的并存与争锋，各个流派内部也存在复杂性，儒家思想内部就存在着不同的派别和观点，如孟子和荀子的主张就有所不同；道家内部也有不同的思想流派，如老庄和黄老等。"合"则是指不同思想流派、观点和价值观的融合与整合，形成一种新的、综合性的文化体系。中国传统文化经过整合与选择，后来形成的儒家为主导、其他思想流派为辅翼的中国传统文化特质，是基于古人对最适合封建社会发展的主流意识形态的文化选择，也体现了古人对各个流派之间相互交融、相互影响的包容胸怀与重视程度。

中华优秀传统文化的包容性还表现为对其他外来文化的开放和吸收，"中国文化对异质文化的吸纳与消解能力，是无与伦比的。在中国版图之内，各民族之间的融合，文化是最好的溶解剂。对世界各国文化，中国文化采取的态度是礼之、师之、纳之、化之"❶。这种开放与包容主要体现在中国宗教文化的融合上。中国历史上曾多次出现过儒释道"三教合一""三教合流""三足鼎立"的思想文化局面，其中"释"指的是起源于印度的佛教，最早于汉代经由古印度传入中国。在佛教刚开始传入中国之时，它所提倡的生死轮回、因果报应等思想观念与中国的儒道思想并不完全融合，之所以能在中国古代社会发展史上留下文化痕迹，实现佛教的本土化，正是中国古人对异质文化的极大包容与豁达情怀的体现。中国历史上的皇帝和政府也常常对佛教持有尊重和推崇的态度，官方政策的宽容是佛教能够在中国得到广泛传播和发展的重要因素。佛教文化曾在中国的隋唐时期到达传播的兴盛阶段，并为中国哲学的发展画上了一笔浓重的色彩，注入了新的文化元素，在中国的宗教文化中占有举足轻重的地位。在中国历史上，不

---

❶ 刘梦溪. 大师与传统［M］. 桂林：广西师范大学出版社，2015：42.

同宗教、文化和思想之间的交流与融合是一种常态，传统文化中对宗教文化的融合实例比比皆是，如基督教、伊斯兰教、摩尼教、天主教等，形成了具有中国特色的宗教文化和信仰体系。因而，"中国文化包容精神最高层次价值的体现，是超越非此即彼、存此亡彼的绝对主义形式逻辑的特殊境界"❶，包容性是中华优秀传统文化刻在骨子里的优秀基因，中华优秀传统文化包容性的弘扬也绝不是取代任何一种文化，而是继续秉持开放、欣赏、学习和交流的态度，旨在使多元文化共同绽放异彩。

（三）连续性

中华文明是世界上历史最悠久的古文明之一。据研究，虽然中华文明并不是最早出现的人类文明，但不同于两河文明、印度文明与古埃及文明，它们曾经都有过文化的中断，而中华文明在世界范围内来讲，是唯一延续至今、传承到现在的"不断裂的文明"。正如黑格尔所讲："只有黄河、长江流过的那个中华帝国是世界上唯一持久的国家。"❷中华文明的发展可以追溯至数千年前的古代华夏族群，经历了多个朝代的更迭和文化演进，每一次的朝代更迭虽然发生过战争和叛乱，但自夏商周至清末，在"大一统"思想的趋同作用下，催生了中国人的民族凝聚力，各朝各代沿袭相革，中华民族在漫长的历史进程中历经风雨洗礼，饱受艰难曲折，却始终秉持团结统一的内生理念，从未被分裂和瓦解。如果说政权更迭是中华文明从未断裂的政治基因，那么中华文明的持续发展还可以归功于中国人民对文化的重视和继承，即源自中国人文化上的同根同源性，中华优秀传统文化的连续性与持久性造就了中华文明的持续发展。钱穆曾对中国文化的持续性作出高度评价："只有在中国文化之下，才有这样长久的历史，和这样广大的社会。其他任

---

❶ 韩冬雪. 论中国文化的包容性 [J]. 山东大学学报（哲学社会科学版），2013（2）：1-6.

❷ 黑格尔. 历史哲学 [M]. 王造时，译. 上海：上海书店出版社，2001：117.

何一个文化系统之下，都无这样长的历史，和这样大的社会。"❶

　　作为有几千年历史记载的中华文化，在世界文化丛林之中显得格外厚重。一方面，中国传统文化的连续性可从中国史学的发展中窥见一斑。中华文明作为世界上唯一延绵不断的古老文明，承载着丰富的历史和文化内涵，中国的历史与文化都是中华民族生命力的展现。中国的史学研究是有生命的，中国古人很早就通过文献记载的方式来编纂历史，从《史记》到《清史稿》，中国史学的发展历经了多个阶段，这些综合体史书旨在解读和还原中国历史的真实面貌，大量的历史资料和研究成果是中华文化传承的有力证据，同时中华优秀传统文化的精髓与核心精神也通过"有生命的历史"而传承至今。另一方面，作为中华文化传承和交流的工具，汉字见证了中华优秀传统文化的持久性发展。汉字既是中华优秀传统文化的记录载体，本身又成为中华优秀传统文化的重要内容，汉字的发展为中华民族保留下了宝贵的文化印记。汉字的发展经历了甲骨文、金文、小篆、隶书、楷书等演变过程，但其根基与文字形态一直保持相对稳定。汉字的笔画结构、发展演变、音韵特点及其所承载的文化价值贯穿了中华上下五千年的历史文化，是中华文化绵延不断的见证。

第二节　时代新人的相关概述

　　"时间之河川流不息，每一代青年都有自己的际遇和机缘，都要在自己所处的时代条件下谋划人生、创造历史。青年是标志时代的最灵敏的晴雨表，时代的责任赋予青年，时代的光荣属于青年。"❷每一历史时期都需要

---

❶ 钱穆. 民族与文化［M］. 北京：九州出版社，2021：96-97.
❷ 中共中央文献研究室. 十八大以来重要文献选编（中）［M］. 北京：中央文献出版社，2016：2.

适应社会变化的新人群体作为推动社会进步的主体力量，"时代新人"是在新时代的历史定位下出场的，是符合当下时代语境的话语表达，具有一定的历史必然性与时代特征。"时代新人"是时代发展的风向标和国家、民族未来的期望，明确和把握"时代新人"概念、基本素质构成等相关概述是对"培养什么人"的最优回答。对于"时代新人"的概念，将主要从时代之"新"与主体之"新"来阐述，并从普遍性与特殊性的辩证角度强调对此概念的未来展望。在新时代的话语背景中，有理想、有道德，学本领、敢创新，肯奋斗、担责任，练体质、强心态，拓视野、有胸怀等构成了时代新人的基本素质，暗含时代新人的基本特征及培育的具体方向和目标。

一、时代新人的概念界说

目前学界关于时代新人的内涵界定虽然持不同意见，还未形成公认的理论界说，但不存在较大分歧，基本从时代新人所处的时代之"新"、内涵之"新"及使命担当之新的角度来进行论述。刘建军提出，应从时代新人应具备的基本素质、精神状态及所担负的时代责任这三个维度把握其内涵，此观点也是学术界大多数人参考的前提。张国启从时代新人与其他时代主体之间的差异出发，认为"所谓时代新人，是基于主体所处的具体时代而呈现出的与其他时代不同的人才培养目标，是被赋予特殊历史使命、肩负推进社会发展任务的社会主体应当具有的综合素质的反映"[1]。邓军从时代新人应具备的综合素质入手，提出时代新人是"国家的未来，是具有坚定政治立场，正确世界观、人生观、价值观且有本领、有担当的群体"[2]，

---

[1] 张国启，汪丹丹. 担当民族复兴大任的时代新人的逻辑内涵与培养理路 [J]. 思想理论教育，2018（12）：42-47.

[2] 邓军. 革命精神融入高校时代新人培育的理论与实践 [M]. 桂林：广西师范大学出版社，2022：27.

是社会主义的建设者与接班人。赵美玲也持同样的观点，并从年龄范围的角度将时代新人界定为，"以青年群体为主，具有良好的思想道德素质与科学文化素质的新时代的建设者"❶。黄建军将时代新人放置于哲学语境之下，认为时代新人是一个历时性、生成性的概念范畴。还有学者从"新人"的话语嬗变的角度来看时代新人的概念演变。新中国成立以来，对"新人"的内涵界定主要经历了新中国成立初的"有社会主义觉悟的有文化的劳动者"到改革开放后的"四有新人""社会主义建设者和接班人"，再到"担当民族复兴大任的时代新人"的话语变化过程。本书所讲的时代新人，是指出生或成长在新时代社会，并与新时代特征和要求相适应，有智慧、有理想、有担当、有本领的具有新思想、新观念、新行为的为实现中华民族伟大复兴而不懈奋斗的一代群体，他们是中国梦的实现者，是国家与社会未来的后继者，是中华民族伟大复兴的实践者，是谱写新时代篇章的奋斗者。

　　从时代之"新"来讲，时代新人是立足于当代社会、与时代发展相适应的人。"时代新人"的概念特指在特定历史阶段下成长与发展的人，每一个历史阶段都呼唤作为实践主体的人来肩负时代使命，从而推动社会发展。时代新人的出现和发展，与当代社会的经济、政治、文化等方面的发展密切相关。随着全球化和信息化的加速发展，当代社会的经济结构、产业结构、职业结构等都发生了巨大的变化，新的时代问题与需要催生了新的时代主体，他们能够在不断变革的时代中，灵活应对各种困难和挑战，为社会带来新的活力和可能性。从主体之"新"来看，时代新人的内涵不是一成不变的，而是一个动态发展的过程。"新人"表达的内涵是在历史序列中不断生成、随着时间不断变化的人，由变化的生产关系与生产方式所决定的新人的本质，强调了人在社会发展进程中的相对存在状态，即每个人都

---

❶ 赵美玲，等. 坚定自信：迈向中华民族伟大复兴［M］. 北京：中央文献出版社，中共党史出版社，2021：204.

是在特定的历史背景下、在不断变化的环境中生活、工作和成长，人的素质、能力与思想观念等也是随着时代的变化而不断演变形成的。当然，作为推动时代发展主体的新人，他们还能够改变或引领时代发展的方向，表现出时代新人在时代发展中的成长性和适应性，他们的出现和发展是时代发展的产物，更是时代进步的必然结果。

正是由于时代新人强调了人在社会发展进程中的相对存在状态，决定了时代新人的内涵是动态变化的，可以随着时代的发展而不断演化与拓展，体现了普遍性与特殊性的统一。从特殊性来看，"时代新人"可以是一个个体概念，具备话语表达上的针对性与具体性，即这些主体是特指在当代社会中成长和发展起来的一代新人，他们的价值取向、思想观念和实践方式与当下社会要求相契合。这种针对性与具体性的意义体现在能够准确地描述和概括这个特定时代的特征和要求，以及当下这个时代对人的影响和塑造，同时也能够更好地刻画和描绘这个特定群体与个体的特征和形象，以及他们在时代发展中的作用和价值。从普遍性来看，时代新人所处的时期与主体范围都具有广泛性。一方面，社会前进中的每一个新时期都需要时代新人，因而"时代新人"范畴适用于每一个新时期对主体的界定，只是不同时期具体的话语表述方式有所差异，但其本质都是为了推动历史的发展。另一方面，从广义来讲，"时代新人"可以是一个集合概念。"时代新人"并不限于特殊年龄段的青年，而是可以适用于更广泛的年龄段和社会背景的人，每一个具备时代特征、符合时代要求的个人都可称为"时代新人"，同时也涵盖更多的领域与群体，它注重的是对人的主体性、能动性、适应性及历史使命与责任担当等的要求。对其特殊性与普遍性的概念分析可知，"这一概念具有理论扩展和深化的潜质，很可能会经历一个从狭义到广义、从特殊到一般的概念演化过程"❶。从特殊到普遍、从狭义到广义

---

❶ 刘建军. 论"时代新人"的科学内涵 [J]. 思想理论教育，2019（2）：4-9.

体现出对时代新人概念认识与理解的不断拓展，为我们提供了更多的研究角度与研究方法，有助于我们进一步加深对不同时期育人工作的探析。

二、时代新人的素质构成

时代的进步、社会的发展必然对时代新人基本素质的提升提出更高的要求。时代新人的素质构成是一个全面性的体系，包括思想、道德、知识、能力、身体、心理、科学文化等多个方面。这些素质之间相互联系、相互促进，共同构成了时代新人的综合素质体系。从素质构成的维度全面解读和理解时代新人，有助于时代新人更好地适应社会发展的需求，实现自我价值和社会价值。本书主要从以下几个方面对时代新人应具备的基本素质进行概述。有理想、有道德，学本领、敢创新，肯奋斗、担责任，练体质、强心态，拓视野、有胸怀，这些基本素质的提出不仅切合了当代社会发展的要求，而且具有丰厚的优秀传统文化底蕴。中国传统文化博大精深，所蕴含的丰富的哲学思想、人文精神、道德规范、科技文化、传统中医等优秀的传统文化基因，都可以成为时代新人素质培养的重要资源，进一步成为涵育时代新人的文化依据，将传统与现代巧妙连接。

第一，有理想、有道德。有理想、有道德是时代新人最独特的精神标识。理想信念是指引时代新人前进的灯塔，是推动人们进步的动力，理想信念是否坚固是检验时代新人素质的试金石。在时代新人的人生规划中，理想与信念是密不可分的，理想源于现实却又高于现实，拥有远大的理想与抱负可以帮助我们树立和明确奋斗目标，而信念则是源于对理想和抱负的信任与坚持的动力，代表着追求梦想道路上执着的勇气。理想是我们面对未来道路上的期待与追求，而信念则是支撑我们追求人生价值的内心力量，能够激发人们在面对困境时的韧性与坚持。因而，理想是信念的基础，信念是实现理想的保证。当下的时代新人要树立实现自我价值与社会价值相统一的理想信念和民族复兴的伟大追求，以充沛的动力和执着不放弃的勇气迎难而上，无论遇到什么困难或逆境，都要保持坚定的目标和毫不放弃的勇气，坚持不懈地追求理想。理想信念需要通过行动来体现，时代新人更要勇于迎接挑战并付诸行动。是否有良好的道德品质是衡量时代新人的重要标准。"自天子以至于庶人，壹是皆以修身为本"❶，人生最首要的事情是知道如何做人，即明确如何成为一个思想道德水平高的人，"人无德不立"，这是传统古人对"至圣"的不懈追求，也是当下对人们道德品质与道德素养的要求。加强道德修养能够为处理个人与自我之间、人与人之间、人与社会之间、人与国家之间的关系提供一整套符合社会发展规律的价值准则和道德规范。通过提升道德修养，我们能够提高个人的道德认知水平，加深对道德原则和道德规范的理解，培养自觉的道德意识，当面对现实生活中的道德困境与道德冲突之时，能明辨是非，从而作出正确的道德选择与道德判断。"有道德"的时代新人在当下社会主要体现为具备良好的社会公德、职业道德、家庭美德与个人品德的优秀品质，遵守社会公德，维护公序良俗；恪守职业道德，树立良好的职业形象；弘扬家庭美德，传承良好家教家风；提升个人品德，塑造优秀个人品格，加强道德内省，使个人能够在社会交往、职业发展、家庭生活和个人成长中表现出高尚的道德品质和良好的道德素养。

第二，学本领、敢创新。学本领、敢创新是时代新人的核心素养。求得真学问、练就真本领、提升创新能力是将理想转化为现实的必经之路，其中学习与创新担任着不可替代的角色。古人早就意识到学习的重要性，如诸葛亮提出"才须学也，非学无以广才，非志无以成学"❷，认为只有通过勤奋学习，才能增长才干与学识。"人皆知以食愈饥，莫知以学

---

❶ 杨天宇. 礼记译注（下）[M]. 上海：上海古籍出版社，2004：801.
❷ 诸葛亮文集全译 [M]. 方家常，译注. 贵阳：贵州人民出版社，1997：115.

愈愚"❶，这句话警醒世人，学习可以根治人的愚钝，享受知识的盛宴不仅能够帮助我们获得技能和提升认知，通过学习知识还可以提升自我、改变命运。知识的力量是无穷无尽的，知识带来的财富是无可衡量的，在个人的成长历程中，对知识的渴望与期待没有尽头，学习的脚步永不停歇。时代新人练就过硬的本领首先要增强学习的能力，在这个知识经济为主、知识更新换代加速的新时代，唯有以坚持不懈的认真态度对待所学的专业知识，以自主学习和终身学习的意识求真理、悟道理，对一切有益于自身发展的科学文化知识和未知领域保持好奇心与求知欲，不断拓展自己的知识面，完善自己的知识结构，才能更好地融入社会发展的大潮中。在科技竞争激烈的时代，国家的进步与发展需要有创新意识、创新能力及敢为人先的创新勇气的时代新人，他们思维活跃，对新事物的接受能力较强，是国家提升创新能力的主力军。创新是一项具有诸多潜在的风险与不确定性的事情，在创新的过程中往往会经历内心的煎熬与实际的困境，"敢创新"就是指时代新人要具备敢为人先的创新勇气，这也是创新的首要一步，敢创新是能创新的前提。如何具备敢创新的勇气对时代新人提出了具体要求。一是敢于打破旧事物与固有思维的束缚和限制，面对传统与现代的不适应因素大胆提出自己的想法，破除思维定式与惯性思维。二是培养独立思考的能力与批判性思维，能够独立地对所接受的新事物与新思想进行分析和判断，摆脱人云亦云，分析与评估信息的可靠性、权威性和逻辑性，同时保持怀疑精神。三是勇于尝试与冒险，不怕失败，在探索新知识的过程中不断总结经验与教训，并且敢于承担一切后果与风险，使自己的心理更加强大。

第三，肯奋斗、担责任。肯奋斗、担责任是时代新人特有的素质标识。奋斗表现在自然界中是"野火烧不尽，春风吹又生"的坚持不懈，艰苦奋斗体现在人类社会中是"路漫漫其修远兮，吾将上下而求索"的积极向上

---

❶ 刘向. 说苑（上）[M]. 萧祥剑，注译. 北京：团结出版社，2021：92.

的人生态度。一个人只有时刻以积极向上的态度、艰苦奋斗的姿态、勤奋有为的行动、主动担当的责任意识等精神特质来提升自己的素质、展示自己的形象，才能以饱满的精神状态在实现人生价值的道路上走得更稳更远。艰苦奋斗既是中华民族的优良传统，也是时代新人独有的精神标识，能吃苦、肯奋斗体现一个人的坚韧、毅力与强大的心理素质，"奋斗是万物之父"❶，凡事欲达目的，凡事欲成功，就要付出艰苦奋斗的代价。肯奋斗意味着以积极乐观的态度对待人生的挫折与困境，积极主动地为实现梦想而努力；肯奋斗意味着不断进取与追求卓越的品质，从而激发自身潜能，勇于挑战自我、不断突破自我；肯奋斗意味着能吃苦，有异于常人的毅力与耐力，奋斗需要付出百倍的努力与艰辛，只有具有承受压力、痛苦和困苦的强大心理素质才能感受奋斗带来的意义。在当今社会竞争压力和利益驱使下，勇担责、能担责的人格显得格外珍贵，生而为人，应尽一日之责。在社会、工作、生活中，每一个人都扮演着不同的角色，这些角色赋予个人特定的职责与使命，是"辛勤奉养十余人，上有慈亲下妻子"的家庭责任意识，是"春蚕到死丝方尽，蜡炬成灰泪始干"的职业责任意识，是"苟利国家生死以，岂因祸福避趋之"的民族责任意识，是"但使龙城飞将在，不教胡马度阴山"的国家责任意识，更是"先天下之忧而忧，后天下之乐而乐"的天下责任意识。敢于担责任的时代新人是明确自己的职责与使命、具备强烈责任心的人，就是要扮演好不同的角色，做好自己的分内之事；敢于担责任的时代新人是勇于承担可能发生的一切后果的人，即愿意为自己的行为付出代价，并及时采取措施加以修正来弥补过失。在新时代，时代新人就是能够担当起民族复兴大任的人，时刻牢记民族复兴、国家富强与人民幸福赋予的使命，以无私奉献之精神，将责任与使命落实到具体实践中。

---

❶ 陶行知. 陶行知全集：第 5 卷 [M]. 长沙：湖南教育出版社，1985：706.

第四，练体质、强心态。健康的体魄、良好的身体素质是人们进行一切活动的前提条件，是保障时代新人生理健康和心理健康的基石。蔡元培曾提出"五育"并举的教育观，并将体育教育排在首位，他强调："殊不知有健全之身体，始有健全之精神；若身体柔弱，则思想精神何由发达？"❶重视体育运动、加强体育锻炼、积极参与体力劳动，是提高身体各项机能、拥有健康体魄的重要途径。首先，从内心认识到体育运动带来的积极作用，包括增强心肺功能、促进血液循环、增强肌肉力量、提高骨骼密度、增强抵抗力等，真正认可增强体质的重要性，实现运动的自觉性。其次，加强体育锻炼，体育锻炼是一个正向积极的身心活动过程，它的作用无可替代，通过尝试不同的运动方式，从而增加锻炼的兴趣。但要注意不能过度运动，应根据自己的身体状况与承受能力合理安排锻炼时间和强度。最后，积极参与体力劳动，劳动是一种贡献社会、体验人生价值的方式，体力劳动是一种最有效的实践活动，通过劳动实践不仅可以增强体质，而且能够亲身接触社会生产，体验劳动的意义和价值。对一个人是否健康的评价不能止步于身体素质，更在于心理、精神是否完满，是否具有强大的适应能力，强大的心理状态是时代新人应有的精神素质。随着时代和社会的加速运转，工作强度与生活压力带来的是精神压力的增大，人们的心理承受能力经受巨大的考验，一个合格的时代新人就要拥有在高压强度下调整控制情绪、以合理的方式释放压力、正视自我的心理问题等能力。面对眼前的压力与未知的挑战，要学会控制调整情绪状态，避免因情绪失控引发更为严重的后果；学会以合理的方式释放心理压力，避免长期的压力积攒超过身心的负荷；学会正视自己出现的心理问题，当出现焦虑、抑郁等情况时及时进行心理咨询，寻求心理帮助，避免因异常的心理状态造成无法挽回的损失。

---

❶ 蔡元培. 蔡元培教育文选［M］. 北京：人民教育出版社，1980：26.

第五，拓视野、有胸怀。拓视野、有胸怀是时代新人把握时代脉搏最重要的体现。宽阔的视野是开放的胸襟的基础，只有改变视角，才能改变心态。为适应全球化的发展趋势，以及思想文化的多元化发展倾向，时代新人要以更为开放的胸襟、更开阔的眼界，使自己融入全球化的浪潮之中，顺应时代发展大势。视野决定了一个人看待问题的广度与高度，开阔的视野意味着时代新人需要具备广阔的思维和全球化的观念，超越个人的局限性拓宽视野，就是要以全面的角度全方位地观察与认识中国和世界，深化对中国和世界的认识，立足中国国情，敏于省察和把握时代发展大势，主动适应和应对时代格局带来的新变化，以多元的视角和灵活的思维方式理解与认识时代变化，从世界角度来看待自己的民族与国家的发展。新时代呼唤新格局，新格局需要大胸怀，时代新人拥有宽广的胸怀，既勇于开拓，又谦虚谨慎，尤其是在面对不同的价值观与文化观上，能够不拘一格地尊重与接纳新思想、新观念和不同的文化。打破传统狭隘的民族主义思想，突破文化在国界上的限制，以包容开放的心态学习、吸收和借鉴世界其他民族的优秀文化传统与先进的知识体系，同时要以国家主人翁的姿态向世界输出中国产品、传播中国故事、传递中国声音、树立中国好形象、提升中国魅力，寻求中国与世界之间的共识，加强其他文明和中华文明之间的合作与交流，共同推动世界进步。

第二章

中华优秀传统文化涵育时代新人的价值之维

　　"中华民族在长期实践中培育和形成了独特的思想理念和道德规范……中华优秀传统文化中很多思想理念和道德规范,不论过去还是现在,都有其永不褪色的价值。"❶中华优秀传统文化作为中华民族的精神宝藏,为时代新人的发展提供着价值指导。但从辩证角度来看,中华优秀传统文化与时代新人之间不是体现为绝对的主客体之间的价值关系,而是体现为不同主体之间价值关系的双重向度。具体来讲,以中华优秀传统文化涵育时代新人既体现为时代新人对中华优秀传统文化在当代发展的价值关系,即时代新人是新时代传承与创新中华优秀传统文化的主体力量,又体现为中华优秀传统文化的核心理念对时代新人价值观的塑造、知识素养的提升、格局视野的扩大、道德人格的形成等方面的价值关系。从时代诉求来讲,中华优秀传统文化涵育时代新人具有一定的必要性和急切性,是应对当代文化发展之困的必然要求,是建设社会主义文化强国的必由之路,是推动世界人类文明进步的必然选择;从时代新人培育角度来讲,中华优秀传统文化中的道德价值观等智慧对其塑造价值观、丰富精神生活、坚定文化自信起到正向积极的引导作用。中华优秀传统文化是中华民族的文化瑰宝和精神基因,新时代作为涵育时代新人的宝贵精神财富具有不可替代的作用,以及对个人、社会和国家的发展具有重要的文化意蕴。

---

❶ 习近平. 在文艺工作座谈会上的讲话 [M]. 北京:人民出版社,2015:25-26.

第一节　中华优秀传统文化涵育时代新人的时代诉求

经济全球化为世界各国之间的文化交流打开一扇门，各国之间文化相互融合、相互渗透，促进了全球文化发展的多样性与多元化。但在文化交融过程中，出现了文化霸权与文化入侵的现象，这给我国传统文化及当代文化的未来走向带来负面影响。新时代赋予新使命，新使命带来新诉求，为了应对这些挑战并保护我国的传统文化和当代文化的发展，在新时代发展背景下提出以中华优秀传统文化涵育时代新人具有一定的必然性和必要性。对传统文化在当代的发展来讲，是应对和解决当代文化发展之困的要求；从我国传统文化发展的现代化来讲，是将我国建设成为现代化的文化强国的要求；从世界文化发展的角度来看，中华优秀传统文化本身作为世界文化之瑰宝，对世界文明的进步起了不可替代的作用，而时代新人的成长与培育则能为世界文明的发展起到助推作用。

一、应对优秀传统文化当代发展之困的必然要求

从传统文化在当代发展的外部影响因素来看，全球化成为历史无法阻挡的一股力量在深入推进，其影响延伸至各个国家与地区的经济、政治、文化、意识形态等主要领域。在全球各国、各地区之间深入融合的新时代，地域之间的阻碍已不再突出与明显，各国、各地区之间的联系更加普遍和紧密，全球化不限于或表现为经济的全球化，无可避免地带来了文化上的全球化趋势。对于文化全球化来讲，各民族国家以积极的态度进行文化交流、互鉴与融合，这无疑能为自己的民族文化在世界民族文化之林中争取到一席之位，从而有利于本国文化的延续性与创新性发展，值得提倡与学

习。然而，文化的全球化给世界带来的不仅是和谐交融的文化景象，还有潜在的、衍生于其中的文化与意识形态的激烈斗争及冲突，即"各民族之间的交流既存在着双向交流更存在着单向'倾销'"❶。这种单向"倾销"表现在文化交融过程中就是文化霸权与文化入侵的现象。一些国家或地区试图通过推广、传播、输出本民族的文化价值观和意识形态来影响与同化其他民族的文化，给全球文化发展的平等性、多样性、多元化、和谐性带来了威胁。这种异质文化的盲目入侵可能会破坏其他国家和地区的文化传统与思想价值观，导致其他民族文化认同的混乱和社会的动荡，甚至造成世界文化发展的失衡。

根据亨廷顿的观点，未来经济与政治引起世界冲突的可能性将会小于文化冲突带来的负面效应，尤其是东西方文化之间的差异所造成的文化冲突。使用文化征服的手段推行文化入侵与文化霸权，对世界文明带来的影响就是破坏文化的多样性，必然带来文化冲突，也将会直接对我国优秀传统文化在当代的传承与发展造成强大的冲击力，我国的优秀传统文化也将处于不利的地位。全球化给中华优秀传统文化在当代的发展造成的负面影响主要体现在以下几个方面。第一，在世界上占据有利地位的强势文化通过某些途径主动渗入我国本土文化中，这些强势文化通常代表不同社会制度的主流意识形态与思想价值观，"任何一种文化都会有其保守的一面，对外来文化总有某种抗拒性"❷，如果外来文化与本土文化本身就存在某种排斥，外来文化就不能强行侵入本土文化，难免会打乱本土文化的发展。这种以入侵形式为主的文化传输真正的目的并不是文化大融合，而是侵蚀我们的优秀传统文化，这会导致中华优秀传统文化因素难以与这些强势文化抗衡和竞争，最终使优秀传统文化失去本土特色而被边缘化甚至逐渐消失。第二，一些国家和民族还会通过强大的影响力、传播力

❶ 田克俭. 民族精神与竞争力［M］. 北京：新华出版社，2006：265.

❷ 汤一介. 面对中西文化［M］. 北京：中国人民大学出版社，2015：313.

与控制力，打压和排斥中华优秀传统文化的继承与发展，这些强势国家通过各种手段主导全球文化市场，如创造新兴的文化因素吸引年轻人的注意力，但很可能这种新兴的文化因素并不符合中国社会发展，从而使中华优秀传统文化由于不适应现代生活而被取代。同时，在我国对传统文化进行改造和创新之时也会受到这些异质文化的挑战，文化产业和文化创意受到极大影响，种种的文化冲击可能会对我国的传统价值体系和基本价值观造成破坏。这种以文化控制为主的文化传播的目的是通过控制实现文化霸权，掌握全球文化的话语权，最终还是受经济利益所驱使。第三，全球化加速了世界现代化进程的脚步，却又造成了传统文化与现代文化之间的隔阂。传统文化与现代文化由于产生的时代环境、社会制度根源及时代需要的不同存在诸多矛盾和差异，现代化将会给传统文化在当代的合理性带来冲击，从而使人们降低对传统文化的认可与认同。如何在保持中华优秀传统文化特色的同时融入现代文化元素将是一个需要长期研究的课题，"有悠久的历史文化，却不容易凝结为传统；有传统，却不容易传衍，这是我们遭遇的长期扭结不开的真正的文化危机"❶。

从文化传承与发展的内部因素来看，中华优秀传统文化的发展也面临重重危机与挑战。一方面，戏谑传统文化导致其庸俗化。近年来"恶搞"文化在网络文化中流行起来，主要通过搞笑、嘲讽、夸张的话语来传递信息和娱乐他人、他事，也存在一些人以不当的方式过度戏谑优秀传统经典，如"恶搞"古人画像、戏谑古人诗词等事件的发生，极大削弱了优秀传统经典的真实性、严肃性和庄重性，对优秀传统经典进行这种极其无聊的过度"恶搞"，特别是对正在成长中的少年儿童来说将会产生极大的错误引导，他们可能还不具备分辨真实与戏谑之间的能力，如任由发展，则会造成人们对传统文化的曲解。"恶搞"历史经典和传统文化是打着改造传统的旗号

---

❶ 刘梦溪. 大师与传统［M］. 桂林：广西师范大学出版社，2015：37.

对历史的不尊重与亵渎,严重的后果则会使人们失去对历史文化的敬畏,导致传统文化被扣上"庸俗化"的帽子。另一方面,营销传统文化导致其利益化。社会中始终存在利欲熏心、重视物质利益的现象,不能忍受物欲横流的诱惑,从而将优秀传统文化作为其进行商业活动的手段。当然,我们并不否认大部分人和企业出于内心真正的热爱而将传统文化包装成文化产品进行推销,但也存在"艺术今天明确地承认自己完全具有商品的性质,这并不是什么新奇的事,但是艺术发誓否认自己的独立自主性,反以自己变为消费品而自豪,这却是令人惊奇的现象"❶。传统文化的商品娱乐属性掩盖了它给人们与社会所提供的价值观意义,逐渐向满足文化产品市场的方向倾斜,当然也存在一些偏执的人与企业滥用传统文化因素进行推销,使优秀传统文化资源失去本来的价值意义,完全转化为经济效益。

中华优秀传统文化在当代的发展面临着来自外部和内部因素的双重影响,但无论是全球化还是传统文化自身在当代的传承与发展,都不是无法解决的困境,归根结底还是在于文化的主体——人。只有作为主体的人,才能将优秀传统文化从窘境中解放出来。只有当人们对中华优秀传统文化的认知、理解与认同达到普遍的社会共识时,中华优秀传统文化在当代的传承与创新才能突破现实阻力,真正为中华民族的发展提供精神滋养与文化支撑。人是破解传统文化在当代发展困境最主要的因素。以中华优秀传统文化涵育时代新人,就是要解决传统文化面临的主体缺失困境,从而解决文化内容困境、文化保障困境等。中华优秀传统文化的传承需要有传承人和守护者,他们承载着传统文化的记忆和智慧,并将其传递给后代。以中华优秀传统文化涵育时代新人,还能解决中华优秀传统文化的内容困境,时代新人自觉接受优秀传统文化的涵养与滋润,有利于全面深入地理解和

---

❶ 马克斯·霍克海默,特奥多·威·阿多尔诺.启蒙辩证法[M].洪佩郁,蔺月峰,译.重庆:重庆出版社,1990:148.

接纳优秀传统文化，深刻理解传统文化的基本内涵、精神、特征、作用等，从而深入挖掘适合当代社会的文化资源，调整文化内容供需之间的平衡；时代新人还能在优秀传统文化的滋养中具备较高的文化素质，不仅能传承传统文化的精髓，还要与时俱进，加以改造和创新，适应时代的需求和变化，使中华优秀传统文化的传承与创新后继有人。以中华优秀传统文化涵育时代新人还能培养一批批优秀的传统文化坚守者和保护者，减少传统文化被同质的可能性和流失的可能性。在中华优秀传统文化滋养下成长起来的时代新人通常会受到更为深入和广泛的传统文化教育，对传统文化的认可度和认同性更强，更加注重尊重和保护传统文化的传承与创新，并且能够对文化遗产产生自然的保护欲，从而在实践中保护和传承这些文化特色与传统元素。面对世界多元文化之间的交锋与冲突，以中华优秀传统文化涵育时代新人是应对当今文化发展之困的必然之路，只有以传统文化中富有时代价值意义的思想观念来涵养、引导、培育优秀的文化人才，使人的文化主体性和文化价值真正发挥出来，才能使中华优秀传统文化重新焕发活力。

二、建设文化强国的必由之路

文化的发展对于一个国家的软实力、吸引力和影响力起着举足轻重的作用。当今世界各国之间经济、政治的竞争固然重要，但更为激烈的是各个国家对于占据文化发展的制高点的无声的竞争。哪个国家文化的发展更为先进与强盛，哪个国家就能够在国际竞争中获得更多的主动权和话语权。为把我国建设成为一个兼具经济实力与文化实力的现代化强国，必须实现文化的现代化，而中华优秀传统文化与时代新人均在其中扮演着重要角色。张君劢曾提出："我的看法是儒家思想有助于'中国现代化'或者是中国现代化的先驱。人们甚至可以说，在中国人心目中根深蒂固的儒家思想足可以为导致中国现代化的基本方法。"❶当然，中国现代化的发展不能简单地归因于儒家思想，而是多种因素共同作用的结果，但是至少我们可以这样认为，中华优秀传统文化为推动中国现代化的进程增添了浓厚的一笔，且在其中发挥了重要的作用。那么，以中华优秀传统文化涵育时代新人何以成为推动文化强国建设的力量呢？一是体现为中华优秀传统文化而不是什么其他文化作为涵育时代新人的载体对建设文化强国的特殊作用，二是时代新人作为建设文化强国的主体所起的推动作用。

中华优秀传统文化为建设文化强国提供了重要支撑与强大底气。一方面，文化的强盛能够带动国家的发展。从中国古代历史的发展来看，从周朝的"成康之治"盛世到西汉"文景之治"的汉武盛世到"贞观之治"的开元盛世再到清朝的"康乾盛世"，这些盛世的形成无不伴随着文化的大繁荣；文化的繁荣和发展对于盛世的形成也起到了重要作用，不仅造就了"大一统"稳定的政治局面，促进了农业商业经济的发展，而且文化产品与文艺创作也达到了极高的水平，中国古代所创造出和保留至今的脍炙人口的文化作品基本产生于这些盛世，从古至今，民族的强盛无不是以文化的兴盛为支撑的。因而，优秀传统文化仍然是当今推动文化大发展大繁荣的重要支撑，建设文化强国就要更加重视传统文化，当一种文化在社会中受到广泛的认可和尊重时，它的价值观、道德标准、艺术、科学等方面的影响也会更加显著。"一个民族的传统文化受尊重的程度，与它对现实的巨大影响是正相关的。"❷国家对优秀传统文化重视程度越高，优秀传统文化给国家与人民带来的积极影响越大。另一方面，优秀传统文化为文化强国的建设奠定了强大底气。失去传统，何谈底气？中华民族之所以能够以昂首挺胸的姿态长期屹立于世界民族之林，最为根本的原因在于中华文明的延续

---

❶ 张君劢. 儒家哲学之复兴 [M]. 北京：中国人民大学出版社，2006：56.

❷ 陈先达. 文化自信中的传统与当代 [J]. 红色文化学刊，2018（3）：107-109.

性，使中华优秀传统文化从未发生大断裂而传承至今，成为当今文化强国建设深厚的文化底蕴。离开传统，何谈时代新人的底气？中华优秀传统文化以其强大的生命力、传承力与创造力为中华儿女带来了文化自信和精神底气。中华优秀传统文化源远流长，经过几千年的发展和演进，积累了丰富的思想、智慧和经验，这些传统文化的价值观念、道德准则等与世界其他文化相比具有无可比拟的独特之处，也为世界文化的多样性作出了巨大贡献。以中华优秀传统文化涵育时代新人，重拾与复兴中华优秀传统文化，实现创造与创新，就是增强时代新人的文化底气，既是对中华优秀传统文化重视的体现，也是构建时代新人文化底蕴的体现。

中华优秀传统文化是建设文化强国的精神支撑。中华优秀传统文化是中华儿女共同的历史传统与文化记忆，在这种影响之下，中华儿女更容易在建设文化强国的道路上形成共同的认知，从而凝聚起共建文化强国的共识。中华优秀传统文化是中华民族的宝贵精神财富与优秀文化基因，丢掉传统等于丢掉了民族的"根"与"魂"，抛弃传统等于割断了中华文明的精神命脉。建设文化强国急需强大的民族向心力与民族凝聚力，而中华优秀传统文化是增强民族凝聚力的重要保障。受到家国同构的社会组织形式的影响，中国传统文化强调人与自然、人与人、人与社会及人与天下之间是相互依存、和谐共生、荣辱与共的关系，并逐渐形成了"天人合一"的整体精神、"民为邦本"的民本精神、贵和持中的和谐精神、厚德载物的崇德向善精神、刚健有为的人文品格等，这些优秀传统文化资源是中华民族向心力与凝聚力的重要来源，并对中国人形成团结一致的民族精神与文化心理、价值取向具有重要价值。历史证明，没有民族向心力与凝聚力、一盘散沙的民族不会有长久的历史，中华优秀传统文化所凝聚的民族精神往往在中华民族遭遇困境和坎坷之时化为中华儿女英勇前进的精神动力，支撑中华儿女突破重重阻碍、渡过种种难关。文化强国建设之路并不是一帆风顺的，而是布满荆棘，亟须中华优秀传统文化继续作为中华民族凝聚力"扩张"的重要力量，这种"扩张"是指达到中华民族在凝聚意识与向心力上的社会共识。

以中华优秀传统文化涵育时代新人能够为新时代的文化建设提供强有力的主体力量。时代新人是当代建设文化强国的主体力量，承载着建设文化强国的文化使命，肩负着民族复兴的伟大任务。中华优秀传统文化是文化强国的重要组成部分，文化强国的建设重点在于通过能动的自觉的文化人激活中华优秀传统文化在当代的活力。时代新人是架构起优秀传统文化与文化强国的重要桥梁，用中华优秀传统文化的思想、智慧、价值观、思维方式等涵养与培育时代新人，必然能够为传统文化推动文化强国的建设提供主体性力量。任何时期的人类都是历史的一部分，他们的道德、思想、价值观与行为都受到所处历史和文化背景的影响，中华优秀传统文化内容丰富、形式多样，为当代的文化建设提供了智慧与经验。以中华优秀传统文化涵养和培育时代新人，就是让时代新人充分汲取中华优秀传统文化中的丰富营养与智慧，无论是"仁义礼智信"的道德伦理，"修身齐家治国平天下"的内在修养，中国传统哲学中的自然观、宇宙观和人生观，还是整体性、系统性、辩证性、象征性等中国传统思维方式，这些以"求真、求道、求德、求通"等为核心的优秀传统文化对时代新人形成正确的思想道德、价值观念、思维方式、创新意识、责任意识等具有正向推动作用。时代新人在优秀传统文化的滋养与学习中，不断获取传统文化知识，从而获得传承与弘扬优秀传统文化的主体能力；优秀传统文化中的治国思想还能赋予时代新人建设文化强国的智慧，充分发挥人的主观能动性在文化创新中的作用，使传统和现代实现跨越时空的衔接与联合。

三、推动世界人类文明进步的必然选择

以中华优秀传统文化涵育时代新人能够成为推动世界人类文明进步的

力量，要从中国文化在世界文明中的重要地位和作用考察。当今时代，随着中国综合国力的不断提升，中国在世界发展进程中扮演着越来越重要的角色，坚持以负责任的大国形象在世界舞台主动承担国际任务，为全人类的发展奉献了中国智慧、提供了中国力量。伟大的中华民族之所以能够始终在世界发展中占据重要地位，除了自然地理、政治经济等因素，更为重要的是中华民族五千多年来所创造的中华文明，中华优秀传统文化的核心价值与基本精神不仅曾经为世界创造了巨大的文化价值，而且其所内蕴的传统价值观仍为当今全人类所共知、共享和共守。正如刘梦溪所认为的那样，中华文化中那些具有稳定性、永恒性和普遍性的价值观使中华文化在为世界贡献一整套关于协调人与自身、人与人、人与家庭、人与社会、人与国家之间关系的伦理价值，因而中华文化中的优秀基因是适用于传统与当代、中国与世界各国的共通的文化。中华文化具有独特的社会结构、思想文化、价值体系、演进历程、历史传统等，在推动世界人类文明的进步中起到了独特、关键、不可替代的作用。1988 年，世界诺贝尔奖获得者在巴黎发表的宣言中指出，中国文化对世界文化的发展作出了重大贡献，当今世界更要加强对中国传统文化的关注，"如果人类要在 21 世纪生存下去的话，必须回头 2500 年，去吸取孔子的智慧"，明确表明了未来人类发展对中国传统文化的依附性。没有哪个民族的文化能够像中华文化一样绵延流长，且跨越了时空与国度的界限，以其创新性、独特性、连续性和包容性在世界文明长河中独享国际赞誉。

将中华文化的发展放到世界文明史的发展进程中来看，中华优秀传统文化是世界文化的重要组成部分，在推动世界文明进步、促进世界文明繁荣中起到了举足轻重的作用。唐朝的开元盛世时期，通过海上丝绸之路与陆上丝绸之路等文化输出通道，真正实现了万国来朝的文化景象，大唐中国由此成为当时世界的文化与贸易中心。其文化势力不仅影响到西北的吐蕃国与波斯国，还向东亚和东南亚扩展，主要波及日本、朝鲜及越南等，由此在公元 1000 年形成了超越地域、国界的"华夏文化圈",即华夏文化共同体。这一文化圈以大唐中国为中心,囊括了今天的中国、日本、朝鲜、越南等国家,共同分享并发展了许多文化元素。大唐时期也因此真正成为世界文明的交流中心,这种文化影响力的扩展不仅促进了中国与周边国家和地区的文化交流及融合,也为世界文化的多样性增添了色彩。从张骞出使西域到马戛尔尼使团访华,"这漫长的 20 个世纪就是一个'世界走向中国'的时代"❶。

中华文化在世界文明中的地位和作用不可撼动,中华优秀传统文化是中华民族在世界文化中找到自己的位置和声音的独特标识,是中国人民集体智慧的结晶,所反映的中国人民的价值观与精神追求使中国人在世界舞台上保持了极高的文化辨识度,即中国人骨子里的传统文化基因决定了中国人看待事物的思维、态度与谈吐。以中华优秀传统文化涵育时代新人能够为化解世界文明冲突、促进世界文化互鉴交流、丰富世界文明的内涵、培育推动世界文明发展的新主体提供积极的意义。

第一,化解世界文明冲突,维护世界人类和谐共存。世界文明发展至今,不乏各个文明之间的对抗与冲突。文明通过历史、语言、文化、传统和宗教等元素塑造了人与人、社会与社会、国家与国家之间的差异,在激烈的文明碰撞之中,这些由于历史积淀造成的文明差异是使各个民族在保护与维护自我利益中走向极端,而不愿交流融合的深层原因,当一种文明试图"移植"到另一种文明中时会导致抗拒与冲突。在某些情况下,不同文明之间由于利益和价值观的不同,也可能发生冲突。例如,在资源分配、地缘政治角力或贸易关系中,不同文明可能存在竞争关系,利益争逐也是造成文明冲突的重要原因,更有甚者会发生激烈的武力冲突,严重破坏世界和平发展。和合思想作为中华优秀传统文化的精髓,是指通过和谐、平

---

❶ 孙伟平. 中华文化可以向世界贡献什么?〔M〕. 南宁:广西人民出版社,2019:2.

衡、协调的方式解决矛盾，强调人际关系的和睦与协作，让不同文化、价值观、信仰之间融合共存，既涵摄又超越了冲突与矛盾。自西周起，思想者与统治者就强调"协和万邦"，"中也者，天下之大本也；和也者，天下之达道也"❶。和谐是天下万物共同遵循的道理，足以看出古人对和合思想的重视。以和合思想为前提，坚持"和为贵"的交流原则，推动世界各民族文明之间互相理解与尊重，在和谐相处的基础上以合作共赢为共同目标，是中华优秀传统文化"强不犯弱""强不执弱"的永恒追求。

第二，促进世界不同文化之间的互鉴交流与融合发展。"有反斯有仇，仇必和而解"❷，是中国古代辩证思维与和谐思想的体现，正是因为有差异与冲突，才需要"和合"思想作为最佳解决途径，从而打开世界文明封闭之门，促进各个文化之间的互鉴交流。只有承认与尊重不同文化之间的差异，才能扬长避短，通过借鉴和参照其他文化的长处，和合化生。中华优秀传统文化强调"和为贵"不是埋没与无视各个文明的独特之处，其前提是尊重与允许文明差异的存在，没有差异与多样化的文化，就无法构成今天五彩斑斓的文化世界。每个民族所创造的文化都承载着不同的民族与集体记忆，自然、历史、政治等因素导致各个文化所内蕴的价值观与思想观念存在差异，是国家与民族独特的文化符号。故而中国传统文化强调"和而不同"的逻辑统一，中国古代哲学家们认为相异的事物也可以通过相互依存、关联、作用来达到一种整体的和谐。这对当今的文化发展来讲具有重要意义，即不同的文化之间可以和谐共生并借鉴融合，而不是表现为绝对的排斥与对抗，而这种借鉴融合的前提是各文化之间的平等交流。各民族之间的文化都是世界文化的重要组成部分，不存在你强我弱之态，要以平等的眼光和原则对待一切优秀文化成果，实现文化之间的"美美与共"。

第三，丰富世界文明的内涵，为世界文明的发展注入中国文化的独特

---

❶ 礼记 [M]. 崔高维，校点．沈阳：辽宁教育出版社，1997：186.

❷ 张载．张载集 [M]．北京：中华书局，1978：10.

色彩，从而汇成世界文化交相辉映的大流。在人与自然的关系上，近年来，工业时代、科技革命的发展给人类的生态文明建设带来了巨大的挑战，环境污染、资源紧缺等自然问题逐渐暴露并影响到人们的生活，成为全球人类共同面临的难题。中国人有着"敬天"的观点，强调"天人合一""道法自然"等哲学理念，认为人与自然、天下万物是一个统一的整体。"民吾同胞，物吾与也"，将人与宇宙万物之间的关系比拟为割不断的同胞关系，人类皆由万物生成，必然要通过尊重自然的规律，与自然和平相处。从人与人之间的关系来讲，儒家强调"仁"，"仁"是做人的原则，也是处理人与人关系的基本准则，"仁者爱人"，人与人之间要尊重、理解、关爱、互相帮助。尤其是在与不同国籍、不同民族的人们的交往关系中，由于语言等文化背景的不同，以"己所不欲，勿施于人"❶"己欲立而立人，己欲达而达人"❷来严格要求自己，通过实践"仁"的原则，人们可以建立起亲密、温暖、和谐的人际关系。在对美好社会的向往上，中华优秀传统文化中的"天下大同"思想反映出中国古人对构建美好世界的真实愿望与追求。中国古代认为天下是和合的一家，始终以天下苍生的全部福祉为使命，关注人类共同的未来。"大道之行也，天下为公"❸的美好社会愿望以一种积极向上的人生态度提供了一种饱含理想的力量，引导着中国古人为构建合理有序的美好生活而不断奋斗。直至今天，这种思想仍然具有重要的意义，为我们构建一个更加和谐、公正、共享的世界共同体提供了智慧和启示。中华优秀传统文化以其独特的哲学思想和价值观念、人文精神等，丰富了世界文明的内涵。

第四，为推动世界文明发展培育新主体。纵观近代历史，无论身处哪个年代，无论这个社会是怎样的处境，中国青年从未放弃过对中华优秀传统文化的传承与创新，一代又一代人的努力促成了今天中华文化的世界意

---

❶ 论语 ［M］. 冯国超，译注. 北京：华夏出版社，2017：146.

❷ 论语 ［M］. 冯国超，译注. 北京：华夏出版社，2017：73.

❸ 礼记 ［M］. 崔高维，校点. 沈阳：辽宁教育出版社，1997：75.

义。中华优秀传统文化与中国古代思想是时代新人之宝典，"此吾先民精血之所在，吾国家民族文化之所托命"❶，中国青年之文化使命不仅在于发扬光大中国文化，更在于以开阔的视野和胸怀推动世界文化的发展。中华优秀传统文化的精髓能够赋予时代新人更丰富的智慧与力量，通过汲取中华优秀传统文化中的营养成分，时代新人对中华文化的认知与理解更加深刻，以文化自信的姿态向世界展示中华文化的博大精深和独特魅力，从而增强中华文化的国际影响力，成为传播中国好声音、讲好中国故事的青年主体。在全球化时代，以中华优秀传统文化涵育时代新人，既有助于赓续民族精神命脉，又能推动人类文明互鉴。中华优秀传统文化经创造性转化与创新性发展，正以兼容并蓄的开放特质在新时代焕发新生。时代新人对"仁者爱人""天人合一""和而不同""家国天下"等理念进行当代诠释，让传统文化精髓超越时空，从而为世界文明增添东方智慧。同时，时代新人能够立足自身的文化主体性，秉持"各美其美，美美与共"的态度主动构建跨文明对话，使中华优秀传统文化成为破解"文明冲突"的密钥。这一文化育人的过程，有利于培养兼具文化底蕴与全球视野的复合型人才，从而为世界文明进程输送源源不断的人才。

第二节　中华优秀传统文化涵育时代新人的独特价值

　　中华优秀传统文化对个人、中国乃至世界的发展作出的贡献无法衡量，尤其是对中国人的性格、心态的形成产生了巨大的影响，中华优秀传统文化超越时空界限而对当代人的思想观念、价值观念等仍发挥重要作用。"中华文化的贡献并不是时间性和地域性的，如器物和制度一样局限于一时一

---

❶ 赵宇飞. 中国人的文化自信［M］. 典藏本.贵阳：孔学堂书局，2020：54.

地：基于对人性的体认和对现实复杂性的观察，基于对性善力量以及人格修养的执着和肯定，基于对人与社会彼此影响、互相成就以及人与世界内在一体的领悟和认知，五千多年来，中国最优秀的心智上下求索，一脉相承，不断结晶，确立了对自然、对自我、对家国社会以及对超越性的最坚定有力的看法，树立了理性而温情、广大而精微、内在而超越的系统性格和宏大视野。"❶中华传统文化的精髓在一代代中华儿女的传承中得以保留和延续，曾影响无数中国人。作为中华民族的宝贵财富，中华优秀传统文化以其博大精深的内涵和丰富的精神品质成为中国人民赖以生存的精神支撑。时代新人是有理想、有道德，学本领、敢创新，肯奋斗、担责任，练体质、强心态，拓视野、有胸怀的实践者，中华优秀传统文化的滋养与培育对真正成为全面发展的人才能够起到助推作用。

一、中华优秀传统文化在时代新人中有所缺失

近些年来，随着我们对中华优秀传统文化的重视程度的提升，挖掘出了丰富的优秀传统文化在涵育时代新人中的宝贵资源，我们对弘扬与创新传统文化所作出的重大努力不容忽视，在一定意义上对时代新人的成长起到促进作用。但"作为文化障碍的，还有现代人的不完整性。知识和能力令人难以置信的扩张和提高，必然导致个人活动日益被局限于特定的领域"❷。由于各种因素的综合影响，时代新人的传统文化根基和文化底蕴并不如我们所期待的那样坚定且深厚。因此，在阐述优秀传统文化对时代新人所起的积极作用的前提下，有必要正视当今中华优秀传统文化在时代新人的涵养与培育中的缺失情况，通过对比的形式更加凸显中华优秀传统文化涵育时代新人的价值意义。

---

❶ 孙伟平. 中华文化可以向世界贡献什么？[M]. 南宁：广西人民出版社，2019：3.
❷ 阿尔贝特·施韦泽. 文化哲学 [M]. 陈泽环，译. 上海：上海人民出版社，2017：54.

首先，时代新人缺少对优秀传统文化的正确态度，传统文化地位有待提升。如何以正确的态度对待传统文化，是时代新人应具备的最基本的文化素质之一。中华优秀传统文化是在过去长期的社会历史进程中形成的被大多数主体自觉接受和认可的，并至今在现代社会仍能够发挥积极影响的各项文明成果，包括物质的、制度的、精神的文明成果。当代青年人对待传统文化的态度较为分化，他们对优秀传统文化的接受程度不同。在全球化浪潮的猛烈冲击下，多元文化价值观冲入中国文化市场，人们的思想文化、价值观受到良莠不齐的文化的影响，有些人开始在传统与现代之间迷茫徘徊甚至盲目进行选择，认为传统文化已经过时，不能对现代人的思想继续产生正向效应。因此，当代社会中文化多元化的现实造成了某些优秀的传统文化因素已经开始渐渐淡出人们的视野，导致部分青年人对优秀的传统文化也持忽视、回避和不屑的态度。但在现实生活中，也有很多青年人对传统文化表现出浓厚的兴趣和热爱，他们尊重传统文化，重视传统礼仪、道德和艺术形式，并积极宣传与推广优秀传统文化知识。在这一过程中，尽管存在对传统文化的争议性评价，但这些青年人依然坚定不移地认为自己肩负着弘扬与传承中华优秀传统文化的重任，是这一伟大事业的后继者。当然我们要充分认识到，这种对传统文化的热爱和尊重并不是一时的潮流，而是需要长期的坚持和努力，这些对优秀传统文化持尊重与推崇态度的青年人值得赞赏。优秀传统文化是中华民族独有的文化宝藏，时代新人的态度决定了优秀传统文化在现代和未来生活中的地位。时代新人对优秀传统文化的评价将会直接影响到当下社会对传统文化的认可与重视度。青年人对优秀传统文化愈加表现出尊重与重视，愈加有利于形成弘扬中华优秀传统文化的良好社会风尚。

其次，时代新人缺乏对优秀传统文化的认知，传统文化知识储备还不足。对优秀传统文化的认知与了解是文化认同的基础和前提，时代新人对优秀传统文化的内涵、内容、基本精神、具体架构、发展历程及重要价值等方面的知识性缺乏是导致时代新人难以产生文化共鸣的根本原因。不可否认的是，近年来在国家的大力支持下，青年人对优秀传统文化的了解有了较大的提升，很多关于传统文化的基本知识青年人都可以做到对答如流，这是我们家庭、学校和社会共同努力的结果。但是，全国高校对 3500 名大学生进行抽样调查的研究表明，"对中华文化的发展与演进历程表示了解的有 63.8%，了解程度一般的占 32.3%，还有 3.9% 的大学生表示不大了解或者很不了解"[1]。中华文化的历史进程是中国历史的重要方面，以上调查从侧面反映出青年人历史知识的匮乏。一个人没有丰厚的历史知识积淀，难以充分了解国家和民族的过去，何谈建设祖国的未来。同样，优秀传统文化承载和记录着中华民族的集体记忆，缺乏对传统文化深层次的理解和领悟，将会使时代新人在面对传统文化时缺乏必要的文化背景和知识储备，难以对传统文化进行深入的学习和理解，也无法更好地认识现在和展望未来。当然，造成这种现象的原因是多方面的，包含环境、教育、现代科技、个人兴趣等因素，要本着积极学习的态度，提升对优秀传统文化学习的深度与广度，增强传统文化根基。

最后，时代新人缺乏优秀传统文化的相关实践，优秀传统文化的理论认知与实践应用之间存在差异。知行合一的理念是中华优秀传统文化中的重要内容，强调掌握理论知识与实际应用相结合的重要性。以中华优秀传统文化涵育时代新人，既对时代新人掌握优秀传统文化的基本知识提出要求，也对时代新人的优秀传统文化实践提出了要求。积极参与优秀传统文化的各种活动与实践，将所学理论知识诉诸行动，以理论指导实践，是涵育时代新人的价值目标所在。但在现实中知行脱节现象时有存在。国内一课题组以调查问卷的形式在 2017—2021 年选取国内部分高校的学生为样本，对大学生"中华优秀传统文化素养"的现状进行了问卷分析。其中，

---

[1] 李欢，等. 中华优秀传统文化与青少年教育研究 [M]. 长春：吉林大学出版社，2020：84-85.

在大学生学习中华优秀传统文化的行为倾向上，"2017 年和 2018 年，平均有 38.9%的大学生表示'非常愿意'学习'学校开设的有关中国传统文化的课程'，更多的学生对此的意愿程度是'比较愿意'（44.0%），且平均分别有 14.0%和 3.1%的学生对此表示'一般'或'不愿意'"❶。这与大学生关于中华优秀传统文化的思想观念层面的调查结果存在较大落差。这暗示了一种可能的情况：大部分青年人学习优秀传统文化的意愿程度较高，但仍有一部分青年人对于传统文化的学习与传承缺乏兴趣和动力，也不想付诸学习优秀传统文化的行动。这反映出我们在优秀传统文化涵育时代新人的实践落实上还有很大的提升空间。时代新人个体的传统文化实践是提升文化认同的重要途径，要从合理设置优秀传统文化课程，举办优秀传统文化体验活动、展览、讲座，宣传和推广优秀传统文化文艺作品等创新性实践入手，拓宽时代新人参与优秀传统文化实践的途径，使时代新人在优秀传统文化的滋养与熏陶中做到知行合一。

二、中华优秀传统文化对时代新人的重要意义

中华优秀传统文化是国家、民族和个人赖以生存的精神支柱。中华优秀传统文化内容丰富、体系庞大，其核心与精髓聚焦于中国优秀传统伦理思想，与其他优秀成果共同成就了优秀传统文化的今天，并且以其特有的思想观念、道德规范与人文情怀等传统道德内容极大影响了中国人的世界观、人生观和价值观的形成及发展趋向。但客观来讲，目前中华优秀传统文化在时代新人的培养中还存在缺失现象，长此以往可能会造成时代新人的价值观散漫、文化认同观念削弱等不良后果，进而影响民族复兴事业。因而，我们必须重视中华优秀传统文化在塑造时代新人的价值观、丰富时

---

❶ 侯凯升，沈壮海．大学生中华优秀传统文化素养：现状与涵育——基于 2017—2021 年连续调查数据的分析［J］．青年学报，2023（3）：43-49．

代新人的精神世界及增强时代新人的文化认同、坚定文化自信等方面所起的价值引导作用，使中华优秀传统文化在新时代继续焕发生命力，促进时代新人的现代化。

（一）中华优秀传统文化可以塑造人的价值观

文化由人创造并塑造人，优秀的传统文化能够为时代新人正确价值观的形成提供正确的指导。时代新人的主体是青少年，他们正处于价值观形成的关键时期，但又尚未完全定型，极易受到外界影响。特殊的生理和心理特征决定了他们具有强烈的探索欲望与好奇心，渴望获得更多的自主权和决定权，以在社会中寻求自我认同感。在改革开放的大潮中，世界多元文化价值观传入我国，青少年极易受个人主义、功利主义和实用主义等的影响，一旦把握不好，会发生价值观的偏差，对正确价值观的形成产生不利影响。客观来讲，这种影响已经在当代社会中萌芽发展，个别青少年的思想道德、价值观念已经发生变化，如理想淡化、个人意识膨胀、价值取向偏移、价值行为失范等，给我国青少年的精神生活带来负面影响。充分发挥传统文化"以文化人"的重要作用，不仅能够使时代新人体会优秀传统文化的博大精深，更为重要的是他们能够在思想激烈交锋的时代坚持自己的理想，坚定自身立场，维护优秀传统文化，并以此为指导实现人生价值，培养正确的价值观。因而，时代新人的价值观需要中华优秀传统文化来浸润、滋养与导向，中华优秀传统文化是中华民族的精神命脉，蕴含着丰富的思想道德资源和优秀的价值观念。在涵养与培育时代新人的过程中，中华优秀传统文化是时代新人形成正确价值观的思想来源和精神支撑。

优秀传统文化中所蕴含的"仁义礼智信"的道德原则，"忠孝廉耻勇"的个人品格，"温良恭俭让"的道德规范，都是支撑中华儿女代代传承的优秀价值理念，也是至今保证中华民族不断向前发展的高尚道德价值观。优秀的传统文化中所包含的这些道德原则、个人品格与道德规范对人的价值标准、价值选择和价值取向具有重要影响，时代新人通过学习和传承这些传统文化，能够树立起正确的价值观和道德观念，从而更好地处理个人与社会、个人与他人的关系，形成积极向上的社会风尚和文化氛围。"仁义礼智信"的道德准则构成了时代新人行动的基本规范和价值标准，内蕴着为人处世的智慧，直接影响他们的价值取向和价值选择。"仁"规定了博爱、关心的价值标准；"义"规定了合宜、正义、坚守道义的行为准则；"礼"是广义上的文化符号，规定了尊重、文明的道德标准；"智"规定了求真、求实、求通的价值态度；"信"规定了真诚、诚信、表里如一的基本美德。这些伦理观念为当今时代新人处理各种社会关系，帮助他们塑造正义、公平、友善的行为模式提供了一整套的道德准则框架。"忠孝廉耻勇"是应该坚守和践行的个人高尚品格，影响时代新人的价值取向。"忠"强调赤诚无私、忠于职守，引导时代新人处理好个人与国家的关系；"孝"强调善待父母、尊老敬贤，引导时代新人处理好个人与家庭的利益关系；"廉"强调洁身自好、清正廉明，引导时代新人面对金钱与权力诱惑时保持清醒；"耻"强调知耻知危、自律自省，引导时代新人在面对错误时勇于承认并改正；"勇"强调坚毅勇敢、有勇有谋，引导时代新人在保护正义、勇于追求真理的过程中坚持自己的信念。只有持有"忠孝廉耻勇"的基本价值立场和价值态度，才能在面对冲突与矛盾时表现出对"忠孝廉耻勇"的相对稳定的价值倾向，同与其背道而驰的价值选择作坚决斗争。"温良恭俭让"反映的是个人高尚的道德品质，能够帮助时代新人形成健全的人格，对其价值行为选择产生重要影响。"温"体现为温和的态度，引导时代新人在待人接物之时表现得平易近人；"良"体现为善良美好，引导时代新人在面对道德抉择时勇敢正直；"恭"体现为恭敬谦逊，引导时代新人在面对长辈时要尊敬及面对荣誉时保持谦虚的态度；"俭"表现为勤俭节约，引导时代新人远离灯红酒绿、纸醉金迷的堕落生活；"让"表现为谦让不争，引导时代新人具备豁达的胸襟和包容的气度。优秀传统文化中所内蕴的优秀的传统伦理道德观念是使时代新人形成交往观、国家观、诚信观、义利观、消费观等世界观、人生观和价值观的深厚土壤，也将会对时代新人的性情、脾气、品格、思维方式等产生深远影响。我们应充分利用和选择好优秀传统文化资源，借鉴优秀传统文化中的价值观元素，从而引导时代新人形成正确的价值观，并引导其将价值观外化于行。

（二）中华优秀传统文化可以丰富人的精神生活

哲学上认为，人不仅是有生命的自然存在物，还是有意识的精神存在物，这也是人对动物的超越性的体现。自然存在与精神存在是人的存在的两个方面，互相统一于人的本质存在的确证，共同构成了人的社会生活。人的精神生活以物质生活为前提，但不是物质生活的点缀，精神生活是对物质生活的超越与升华。人的精神生活是指"在一定的社会历史条件下，现实的个人以其所拥有、选择、追求、创造的精神资源满足和超越自身精神需要的精神活动及其状态"❶，即人的精神生活是精神活动和精神状态的统一。精神生活是一种追求与创造充实感、意义感和满足感的活动，它在一定的社会历史条件和物质基础上，为人们的精神与心灵提供丰富的内容和滋养，是人之为人的独特认证，也是人类文明进步的重要驱动力之一。在过去很长时间里，中国发生了剧烈的社会变迁与社会改革，中国人的价值观念、生活方式和精神状态也因此发生了不同程度的改变，这正是中国人生存模式和精神生活重塑的表现。不可否认，文化是人们的精神生活发生巨大转变的重要影响因素之一，人的精神生活从本质上反映出个人内心世界的理想信念、价值观念、伦理道德等，通过与他人的交流、学习新知识、娱乐互动、培养传统礼仪等精神文化形式，人们参与精神活动并塑造了自己的生活方式。优秀的文化能够推动人类精神生活的发展，促进

---

❶ 夏兴有. 论人的精神生活 [J]. 中国特色社会主义研究，2009（5）：69-74.

人的自我认知和自我实现，提高人的文化素养和精神追求，促使人朝着全面发展的方向不断前进，体现出其应有的价值意蕴。因而，人的精神生活的形成与发展离不开国家、民族的文化模式及其在历史和传统中展现出的优秀的文化品格。

中华优秀传统文化的价值观念承载了几千年来人们对美好生活的向往与追求，尤其重视人的精神世界的发展，为中国人的发展提供了源源不断的精神食粮。中华优秀传统文化中的人文精神等内容正契合与满足了时代新人对精神生活的新时代要求。新时代将中华优秀传统文化嵌入和植入时代新人的精神秩序与精神生活之中，使优秀传统文化成为当代丰富人的精神世界、增强人的精神力量、提高人的精神境界的重要武器，共建时代新人的美好精神生活。

第一，中华优秀传统文化致力于满足时代新人的精神需求。随着时代不断变迁，我国的经济实力愈加雄厚，为中国人的物质生活满足提供了前提条件。根据需求层次理论，当某一低层次的需求得到相对满足之时，人的需求将会向更高层次迈进。在物质生活逐渐摆脱匮乏、物质条件较为丰富的今天，人们开始对精神生活的质量提出了更高的需求。时代新人年轻力壮、思维活跃、思想开放，出生与成长于中国经济、科技迅速腾飞的时代，物质生活条件具有不可比拟的优越性，对精神文化的需求也随之更新，更加丰富、多样、多层次，如包含对理想信念、知识智慧、生命生活安全、人际关系、道德修养、美育鉴赏、休闲娱乐等层面的精神需求。中华优秀传统文化蕴含着"功崇惟志，业广惟勤"的坚定志向，"博学之，审问之，慎思之，明辨之，笃行之"的知识学习方法，《易经》《黄帝内经》《伤寒杂病论》等养生之论，"己所不欲，勿施于人"的人际关系处理原则，"自强不息，厚德载物"的道德修为，"礼乐教化""返璞归真"的美育熏陶，"体欲常劳，食欲常少。劳无过极，少无过虚"的劳逸结合思想。中华民族特有的传统习俗、民间艺术、传统节日等在当下社会仍具有很大的吸引力和影响力，并通过一定的文化形式满足了时代新人的精神文化需求，尤其是通过改造和创新，为时代新人带来了更多元、更充实、更高质量的文化享受。

第二，中华优秀传统文化致力于帮助时代新人找到精神寄托。当今时代是多元文化并存的时代，文化之间的相互竞争与博弈带来的不只是文化融合，各国意识形态与价值观之间的矛盾和冲突也逐渐显现，恶性的文化竞争会破坏文化生态的和谐。消费主义文化、物欲主义文化、享乐主义文化等观念会混淆时代新人的价值观，使他们更多地关注金钱、权力、享受而变得盲目、焦虑。这些文化强调个人利益和自我满足的倾向，将使时代新人逐渐脱离社会群体，人际关系与社会联结均出现问题，徒增个人孤独感。他们将逐渐对人的精神生活失去关注和信心，对幸福的感知愈加低迷，忽略人的精神家园的建构，使精神生活像是漂泊的船舶找不到可以停靠的归宿。中华优秀传统文化中蕴含的深厚哲理、人生智慧、道德规范等，为传统中国人提供了精神上的引导和慰藉，"真正自由的精神生活不可能是他人的，它必定栖居于一个民族经由沧桑流转而孕育积淀的文化传统之中"❶。一个国家和民族的精神信仰不是虚无缥缈地悬空而置，也不是随心所欲地拥有，而是有着深厚的传统文化基础与底蕴，中华优秀传统文化就是帮助时代新人重建精神信仰、找回精神寄托的心灵归宿。孔子的"仁者爱人"，孟子的"恻隐之心"，荀子的"涂之人可以为禹"，墨子的"兼相爱"，老子的"含德之厚，比于赤子"，均体现出传统文化对人的道德关怀。儒家所推崇的"君子人格"就是对一种崇高道德的精神信仰，这种理想的人格典范是时代新人追求的道德目标，在面对道德选择时坚守住高尚的道德人格。以优秀传统文化的道德伦理观涵育时代新人，有利于其形成道德自觉，提升道德品质，从而能在纷繁复杂的世界中寻求归属感与幸福感。

第三，中华优秀传统文化致力于帮助时代新人优化精神生活状态。随

---

❶ 庞立生. 历史唯物主义与精神生活研究 [M]. 北京：人民出版社，2020：289.

着当今时代的迅速发展，多元文化的共存及网络文化的侵蚀，时代新人的生活状态出现了不同的问题，承受着各种压力，对其思维方式、生活方式和行为方式都具有重要的影响。中华优秀传统文化能够在潜移默化中对时代新人的思想观念、价值取向和认知方式等产生影响，从而优化其生活状态、提升其生活境界。如"一曰礼，二曰义，三曰廉，四曰耻。礼不逾节，义不自进，廉不蔽恶，耻不从枉。故不逾节则上位安；不自进则民无巧诈；不蔽恶则行自全；不从枉则邪事不生"❶，礼义廉耻的道德规范能够增强时代新人的荣辱观和责任意识等。还有中华优秀传统文化中关于修身养性的道德规范思想，有利于他们减轻精神压力、改善精神生活状态，解答他们的生存困惑，从而优化时代新人的生存状态。

（三）中华优秀传统文化可以推动时代新人坚定文化自信

所谓文化自信，是指"文化主体通过对文化的认知、批判、比较和认同等过程，形成对自身文化的坚定信念和稳定的心理状态"❷。在以中华优秀传统文化涵育时代新人坚定文化自信的逻辑中，时代新人是坚定优秀传统文化自信的主体，而优秀传统文化的内容则是时代新人自信的对象。中华优秀传统文化通过各种方式对时代新人进行滋养与培育，使他们在对传统文化认知、理解的基础上产生发自内心的肯定、尊重和崇敬的心态及巨大的底气，进而坚定对当代中国特色社会主义文化的自觉与自信，这是时代新人对中华优秀传统文化产生的正向的心理反馈。中华优秀传统文化丰富的内容体系、深厚的历史底蕴、独特的精神气质及时代新人对传统文化的态度都是影响文化自信的重要因素。

中华优秀传统文化以其深厚的历史底蕴和独特的精神气质赢得了一代代中国人的尊重与崇敬，是时代新人与生俱来的文化自信，也将通过涵育

---

❶ 姜涛. 管子新注 [M]. 济南：齐鲁书社，2006：2.

❷ 张立学. 以文化人：大学文化育人研究 [M]. 北京：人民出版社，2019：186.

等途径在未来重塑时代新人的历史文化记忆。中华优秀传统文化在几千年的发展过程中从未中断，以其多元性、包容性、长久性、时代性、创新性、人文性等造就了中华文化的独特气质，中华优秀传统文化在一代代中华儿女的传承与创新中实现了生生不息、薪火相传的中华文明延续。中华优秀传统文化是中华民族和中华儿女的宝贵遗产，是中华民族几千年来的文化积淀，拥有丰富的内涵和深厚的历史底蕴。这些传统文化包括思想、诗词、书法、绘画、音乐、戏剧、哲学、思维等多个方面，融合了博大精深的思想和智慧，不仅汇聚了中原文化的精髓，还吸纳了其他各族文化及外来文化的优点，从而成就了中国人独特的话语表达形式、思维方式、价值体系、思想观念及行为实践等，形成了中国人认识世界和解决问题时所采取的固定范式。历史与实践逻辑均证明，中华优秀传统文化在漫长的历史长河中以自身的独特魅力和动力体系对历代中国人所造成的深刻影响正是中国人对优秀传统文化所持的发自内心的尊敬、信任与珍视的体现，时代新人对优秀传统文化的"威望与魅力有一种充满依赖感的尊奉、坚守和虔诚"❶。因而，中华儿女才能将其视为一种独有的文化遗产传承至今，并通过各种载体与形式留下珍贵的历史文化记忆，是中国人由内而外的文化自信的重要体现。这些优秀的传统文化是中国人民的骄傲，是人们文化自信的源流，也是当今时代新人坚定文化自信的根脉。

以中华优秀传统文化涵育时代新人，能够通过提升时代新人的文化认知，增强时代新人的文化辨识能力，正确认识中华优秀传统文化的价值定位，从而提升他们对优秀传统文化的认同感，来增强时代新人的文化自信。时代新人的文化自信不仅来源于中华优秀传统文化深厚的文化底蕴、庞大的内容体系和丰富的精神体系，还来自时代新人对中华优秀传统文化保持清醒的认知和理性的态度。在以中华优秀传统文化影响、培育、塑造时代

---

❶ 刘芳. 对文化自觉和文化自信的战略考量 [J]. 思想理论教育，2012（1）：8-13.

新人的过程中，能加强时代新人对优秀传统文化基本知识的了解，主要包含对基本内涵、基本架构、核心精神、历史发展、时代价值、如何推动其实现传承与创新等知识点的理解和阐释，准确把握优秀传统文化的各类基本知识，辩证地看待中华优秀传统文化在历史与现代、中国与世界上所起的作用，肯定优秀传统文化的当代价值。同时，还能帮助时代新人深入了解中国人的文化背景与历史根源，"共同的历史传统和文化背景，易于对事物形成共同的认识，并在价值观念方面保持共同的倾向"❶，有利于增强文化认同，凝聚社会共识。通过对传统文化的学习和体验，时代新人能够汲取其中的精华，培养对文化传统的自豪感和认同感，同时警惕两种错误的文化倾向——文化自卑与文化自负。时代新人在充分了解优秀传统文化的基础上，应认识到优秀传统文化有超越其他文化的优越性，克服自卑的心理；也应认识到中华优秀传统文化保持生命力的关键在于与外来文化之间的融洽性，学会欣赏其他文化的优点，克服自负的心理，抵制错误思潮的冲击。蔑视本民族文化与抵制外来文化都不是最健康的心理状态，而是与文化自信相对立的文化心态。时代新人应通过提升文化鉴赏能力和水平，提高文化辨识度，理性对待各个民族的传统文化，本着文化自信的态度推动文化平等交流。

---

❶ 梁山，高丽华. 现代化·传统文化·民族凝聚力［J］. 中山大学学报论丛，1991（26）：29-33.

第三章

中华优秀传统文化涵育时代新人的逻辑之维

在中国传统文化发展的历史长河中，传统与现代之间总是不可避免地存在矛盾与冲突，在传统植入现代文明之前，现代文明总会表现出反驳与排斥，许多作为实体意义的传统不断流失，然而在历史长河中积淀而成并始终起支配作用的价值观"却作为民族智慧的文化基因保存下来。在一定意义上，把现代性与传统完全对立起来本身就是现代性意识形态的纯粹想象和理论幻觉。任何现代性都是在传统的土壤中生长的，现代性的发展必然面对传统并不可避免地把传统消化、吸收和纳入到自身的成长之中"❶。中华优秀传统文化承载着中华民族五千多年的历史记忆与精神基因，而时代新人是新时代语境下肩负民族复兴大任的社会主义建设者。中华优秀传统文化所蕴含的伦理规范、审美意趣与思维模式，不可避免地与时代新人的认知结构、行为习惯发生碰撞和磨合。在新的时代条件下，以中华优秀传统文化涵育时代新人何以可能，要从时代新人与中华优秀传统文化之间的关系中找答案，"努力用中华民族创造的一切精神财富来以文化人、以文育人"❷。从优秀传统文化中汲取丰厚的价值观养料为时代新人的成长与发展所需提供充分的营养和能量以帮助其更好地生存，注重时代新人将优秀传统文化进行自我消化、内化与感知，这是以优秀传统文化涵养时代新人的重要体现。通过多样化的教育方式和方法来培养、塑造时代新人，

---

❶ 庞立生. 历史唯物主义与精神生活研究 [M]. 北京：人民出版社，2020：270-271.

❷ 中共中央文献研究室. 习近平关于社会主义文化建设论述摘编 [M]. 北京：中央文献出版社，2017：140.

从而以优秀传统文化的价值观指导时代新人的具体行为和外在表现，强调提升时代新人的文化应用能力，实现文化外化于行，这是以中华优秀传统文化培育时代新人的重要体现。以中华优秀传统文化涵育时代新人体现出它们之间是相辅相成、相互作用的逻辑关系，以文化人与以文育人，彰显时代新人的文化本质，确证时代新人是文化存在，这是涵养与培育时代新人的重要逻辑前提。

第一节　中华优秀传统文化与时代新人之间的关系

以中华优秀传统文化涵育时代新人不是将两者进行简单的"嫁接"，它们之间有着密切的关联。具体来说，中华优秀传统文化是中华民族精神的纽带，是涵育时代新人的文化土壤，它们之间的契合性在当代表现为：一是两者所肩负时代使命的同向性；二是两者核心要义的共通性。人不仅是自然存在物，还是精神存在物与社会存在物，因而要从文化意义上看人的本质，人是文化存在物。从这点来讲，人是文化的主体，时代新人是传承和发扬中华优秀传统文化的生力军，他们在中华优秀传统文化的传承与弘扬、转化与创新、推动与世界其他文化之间的交流互鉴中起到主导作用。

一、人的文化存在：时代新人与中华优秀传统文化的耦合前提

文化因人而存在，人也因文化而存在；文化是人之为人的前提，人是文化形成发展的主体性力量。在某种意义上，可以说人与文化之间是互相建构的关系，正如兰德曼所认为的那样，人创造了文化，文化也产生并塑造着人，建构了它们之间的主客体关系。首先，人作为主体，文化是人不断诠释、再造与建构的对象。文化是人的产物，是由个人和社会共同传承

与创造的，人们以各种方式和手段重新解读与使用文化，赋予其新的意义和价值。其次，文化作为主体，文化影响并塑造着人，给人类社会、民族国家留下了难以抹去的文化记忆。人的历史与生活都是由文化产生的，人类个体的成长和发展过程是文化情境塑造的结果。"在人类中，生活很少以自然的安排为基础，而是以在文化上被塑造成的形式和惯例为基础。由于我们从历史上懂得了不存在自然的人，即使是最早的人也生活在一种文化中。"❶文化内蕴着语言、价值观、信仰、习俗、艺术和知识等方面的内容，人通过接触、学习和参与文化的过程，逐渐形成了自己的思维方式、行为模式和身份认同。通过文化，人们可以与他人建立联系、进行合作、分享经验和共同参与社会生活，文化塑造了人们的社会角色、道德人格和行为模式等，从而使人成为真正的社会人。最后，人的文化存在方式使人与动物区别开来。"在生物进化过程中，文化发展与本能的完善程度是紧密相连的。动物生命的特定化使其失去了开放的空间，鲜有文化创造的可能。但人的生命的未特定化为文化的产生提供了可能性和必要性。"❷文化是人与动物的区别之一，没有文化，人就很难完全脱离自然状态而具有对象意识，文化是人类特有的社会标识。人的本质是一切社会关系的总和，文化赋予了人类社会的道德规范、价值观念及精神信仰等，使人成为自然存在物、精神存在物与社会存在物的统一体。

人与文化的关系可以看作相互选择、相互诠释、相互建构的关系，但归根结底是以人为主体、以人的需要为标准、以人的实践为手段、以人的超越性为目的的关系，也就是说一个社会所创造的文化价值是由人来彰显的。因而，人的文化存在具有主体性、实践性、超越性的特点。

人的文化存在具有主体性。所谓主体性，即人在文化的创造、选择、再生的循环往复的过程中占据主导地位，主要体现为人传承文化的自觉性、

---

❶ 兰德曼. 哲学人类学 ［M］. 贵阳：贵州人民出版社，2006：203.

❷ 冯建军. 生命与教育 ［M］. 北京：教育科学出版社，2004：35.

选择文化的主动性及改造文化的创造性。首先，人具有传承与传播文化的自觉能动性，人是具有自我意识与自我认知能力的文化主体。一方面体现为在社会中自觉地学习、理解、认识历史传统文化与当代的民族文化，自觉尊重并保护自己所属民族的文化传统与文化价值体系。这种自觉意识使人类能够将文化的内涵和精神转化为自己的思想及语言，并通过各种渠道和形式将其传递给更多的人，从而扩大文化的影响力；使整个社会明确自己的文化身份，实现民族文化认同，并通过自觉的思想与行动表现出来，增强民族凝聚力。另一方面体现为对个人和社会的存在与价值的所思所想，进而以个人及社会的需求与目标为出发点，在主动传承与弘扬本民族文化的基础上创造出符合国家发展、社会进步需求的文化。这种自觉性是人类文化创造的基础，也是人类文化发展的关键。其次，人具有选择文化的主动性，人作为文化的主体，具有自主选择的意愿和能力。客观对象的复杂性及人的目的性决定了人在选择时不是被动地接受，而是通过自主选择来满足自己的需求、达到自己的目的。相对个人来讲，文化社会是历经世代繁衍、不断更新发展的变化中的客观对象，而这个文化世界是由各种文化形式、文化观念等构成的纷繁复杂的文化体系，这些不同的文化要素之间相互交织、相互影响，造成了多元化、多样性的文化现象。社会的每次变革、人们的每次实践都会涉及选择，文化世界多元复杂，个人与社会不可能全盘吸收与接纳，人们总会依据自我偏好、需求、个人经验与价值观，选择吸收适合自己成长发展的文化元素。这种主动选择性反映出人具有文化选择的能力，通过不断筛选与权衡，人们不断掌握文化的核心与精髓。最后，人具有改造文化的创造性，传承文化不是最终目的，通过创新以增强文化的适应力才是最终追求。传承是为了保留优秀传统文化中能够对社会发展起推动作用的价值观、传统知识和重要的历史经验，但这并不意味着文化将停滞不前，而是要在这些传统的基础上进行发展和创新。人具有创造意识与创造能力，敢于挑战和突破传统的文化框架与文化束缚，主动淘汰不再适应时代发展的旧文化，"人不是我们在文化中任意涂画的木偶，因为人也陶冶着文化，创造着自己想成为的那种有机体所愿处于其中的世界"❶，也能够依靠想象力和创造力不断改造文化使其符合人类与社会发展的走向，从而延续文化的生命力。这种对文化的创造性是人的文化主体性的最明显、最根本的标识，正是人们通过文化反思与文化批判，才能保证传统的延续及现代的创新，从而减少传统与现代的冲突，平衡了传统与现代的关系。

人的文化存在具有实践性。文化不是一个抽象的概念，而是一种具体的社会实践活动，是人类实践活动过程中的集体智慧与经验的总结。一方面，文化是人们实践活动的产物，人们通过实践来理解和应用文化，使文化成为一种具有实际意义的存在。文化是人类与自然界、社会相互作用的结果，人们通过生产劳动、社交活动、学习教育等利用、适应、改造自然界，而实践是这一过程中连接人类与社会、自然界的中介。通过实践性的活动，人们能够将文化成果转化为具有实际意义和价值意义的物质与精神财富，这些物质与精神文化成果是人类对于世界、社会、人生的认识和理解，也是人类对于自身存在的思考和探索的成果，是"人化"的自然界的重要体现。文化还通过人类的实践活动得以传承与发展。文化在一代代人的传承中不断演变更新为国家与民族的宝贵文化遗产，在文化传承与发展的过程中，人们的教育实践活动发挥了重要的作用。人们通过学习和接受教育的方式，掌握本民族文化的价值观，并参与丰富的文化实践活动，如体验既定的文化习俗、艺术形式和技术手段等，在此基础上创造出新的文化形式。文化的传承和演变是一个不断发展的过程，它与实践紧密相连，通过实践不断更新和适应社会变革的需要。另一方面，通过实践，人的文化主体性不断得到确证。"在实践改造客体过程中,主体也得到改造和发展,

---

❶ 洛雷塔·A. 马兰德罗. 非语言交流［M］. 北京：北京语言学院出版社，1991：323.

这就是与主体客体化过程同时进行的客体主体化过程。这个过程使主体的本质力量不断发展，主体性逐渐增强，所以，实践是主体精神的根本源泉。"❶人们在改造、创新文化的实践活动中，不仅能够充分了解文化活动的本质及特征，还能在文化创造中不断积累经验。人与文化之间的实践互动能够使人们充分认识与了解自己，挖掘自己的文化潜能与能力，文化活动为人们提供了实现个人价值与社会价值的机会，彰显了人的主体性。这些实践活动是文化存在的前提，也是文化发展的动力。人的实践活动不仅反映了文化的现状，也推动着文化的演变，正是通过实践活动，文化才能实现发展、创造与传承。

　　人的文化存在具有超越性。超越性是打开理解人的文化存在方式的一把密钥。一方面，人的文化存在体现为对自然界的超越。人类社会的产生是建立在自然界的基础与前提之上的，自然界是属人社会的基础，天然地存在各种自然规律与条件，为人们的生产生活提供自然基础，如宜人的天气条件与丰厚的自然资源等，因而人类脱离自然界不能独立创造属人的社会。但是，人类可以在自然界所提供的可能性的基础之上，通过集体的智慧、创造力与凝聚力而超越自然的限制，利用自然资源、顺应自然规律、改造自然条件，获得更加便利的生活条件、更加安全的生活环境及更多的物质精神财富，从而创造出一个独立于自然界之外的属人世界，这个世界也可被称为文化世界。另一方面，人的文化存在体现为对人类自身的超越。人们虽然受到自然、历史与传统等因素的限制，但又在此基础上突破了限制，既是人对自然界的超越，更是人对自身的超越，彰显出人的创造力。在这个过程中，人类通过创造和使用工具、符号、语言等文化符号，不断拓展自己的认知能力和行为能力。文化不仅是一种人类智慧的结晶，也是人类社会进化的重要驱动力。它让人类能够更好地适应环境、解决生存问

---

❶ 苗伟. 论人的文化主体性［J］. 云南社会科学，2012（4）：55-60.

题、实现自我超越，从而推动了人类社会的不断进步和发展。"这些纯粹的创造物要高于或胜于另外一些东西，那些东西虽然没有目标但却使人类的生活成为可能，或是使人类的生活更为舒适愉快并保证人类生活的繁荣和连续。"❶ 文化的世界是人突破与超越自身的具体体现，文化世界赋予人类更多的好奇与求知，人类通过对未知挑战的探索与破解，在批判意识与思维能力的共同作用下，对传统文化与当代文化不断反思与创新，发掘新的文化资源，开创新的文化领域。这不仅满足了人们对于物质生活的需求，更满足了人们对于精神生活的追求。因而，人对美好生活的追求与向往永不止步，停滞不前并不是人类社会的健康状态，人类要永远对文化世界的未来满怀希望与期待，积极融入这个文化世界里，追求自己的理想和信仰，拥有自我价值的提升和超越的动力，文化世界才能实现永续的繁衍共生。

二、中华优秀传统文化与时代新人的契合性

人是文化的核心，无论是中华优秀传统文化还是时代新人，话语主题总是围绕着人的成长与发展。因而，以现实的个人为载体架构起了中华优秀传统文化与时代新人的逻辑关系，优秀传统文化为时代新人的成长提供精神润泽，时代新人则在传承和创新文化的过程中实现自我价值。中华优秀传统文化与时代新人处于同一时代环境下，共同面对时代机遇，共同迎接时代挑战。它们之间的契合性主要体现为：在价值追求上，都以实现国家富强、民族振兴与人民幸福为时代使命；在核心要义上，两者都以"立德树人"为本质要求。这不仅体现了文化与人之间的紧密联系，也揭示了人在文化发展中的重要地位，两者关系的协调与和谐能够推动中华优秀

---

❶ 萨顿. 科学史和新人文主义 [M]. 陈恒六，刘兵，仲维光，译. 上海：上海交通大学出版社，2007：12.

传统文化的传承和发展，也为时代新人的培育提供了深厚的思想基础和文化底蕴。

（一）时代使命的同向性

中华优秀传统文化与时代新人都是新时代实现伟大复兴的中国梦的重要组成部分，实现国家富强、民族复兴与人民幸福是共同的价值旨归，致力于实现中华民族伟大复兴，两者肩负的历史使命和时代责任是同向的。一方面，大力弘扬中华优秀传统文化是实现中华民族伟大复兴的题中应有之义，国家富强、民族复兴与人民幸福的时代任务也是中华优秀传统文化在当代发展的合理性证明。中华优秀传统文化的传承、创新与发展必须与新时代的特征、要求相符合。中华优秀传统文化包含着追求国家富强、民族复兴、人民幸福的丰富内容资源，是实现中国梦的文化滋养。新时代赋予传统文化发展的重要使命体现在，通过对中华优秀传统文化进行创造性转化与创新性发展，将五千多年的中华文明转化为当代民族复兴的精神引擎，推动伟大复兴的中国梦照进现实。中华优秀传统文化强调"上下俱富，交无所藏之，是知国计之极也"[1]，体现出对国家共同富裕的追求，承载着"富强之梦"的文化使命；以"修身、齐家、治国、平天下"为核心的家国情怀是中华民族凝聚力的文化来源，为中华民族的存在与复兴提供了强大精神支撑，承载着"振兴之梦"的文化使命；"水则载舟，水则覆舟"[2]的民本思想，"礼之用，和为贵"[3]的思想体现出对人民生活和谐幸福的追求，承载着"幸福之梦"的文化使命。另一方面，时代新人要以实现中华民族伟大复兴为己任，主动担负起这一历史使命。从历史维度来看，我国青年的发展始终与中华民族的前途命运紧密相连，中华民族伟大复兴的中

[1] 荀子 [M]. 廖名春，邹新明，校点. 沈阳：辽宁教育出版社，1997：44.
[2] 荀子 [M]. 廖名春，邹新明，校点. 沈阳：辽宁教育出版社，1997：143.
[3] 论语 [M]. 冯国超，译注. 北京：华夏出版社，2017：6.

国梦不是抽象的，也不是靠想象的，而是靠千万个时代新人以自强不息、脚踏实地的精神付出艰苦努力奋斗出来的。在新时代条件下，时代新人的角色标识呈现多样化，但"民族复兴大任的担当者"是时代新人最为明显、最突出的精神标识，直接体现了时代新人的时代使命，是对"培养什么人"的回答。时代新人应该以高度的责任感和使命感，积极投身到国家建设与民族振兴的伟大事业中去，为实现中国梦奉献更多的智慧和力量。

（二）核心要义的共通性

中国传统文化以"德"为核心内容，以提升道德修养为"至圣君子"的目标，凸显出人文性和道德性。中国传统文化从本质来讲，是一种伦理型文化，在学术界基本达成了共识，"中国传统文化应该说绝对地以道德文化为显著特征，道德的力量非常大，以至于社会可以不靠武力，不靠宗教，乃至不靠法律而维系两千年一以贯之的'大一统'局面"❶。道德文化在中国古代封建社会中对维系社会秩序与社会稳定起到了重要的作用。因而，中华优秀传统文化的核心与精髓是中华优秀传统伦理道德。"修身明德"是中华优秀传统伦理道德的逻辑起点，强调道德是个人修养与社会和谐的基石。以儒家道德观为例，在道德的理想人格上，强调以"仁"和"礼"的统一塑造有德性的君子人格；在道德原则上，强调以孝悌忠信、礼义廉耻为社会关系的基本规范；在道德教化上，儒家主张"以德治国""以德服人"的教化方式；在道德践履上，儒家主张"内省""慎独"的道德自觉性和"知行合一"；在道德境界上，主张"止于至善"的至高追求。时代新人的核心要义是培养其成为"德智体美劳"全面发展的人才，其中"有道德"是时代新人应具备的最首要、最根本的素质，也是对"立德树人"要求作出的时代回应。道德作为一整套的价值观和行为准则，规范着人们的选择和行

---

❶ 熊黎明. 中国传统文化的现代转型［J］. 云南社会科学，2001（S1）：63-66.

为。人无德不立，是否"有道德"是时代新人的底线，规定了时代新人未来发展的方向。一个人失去了道德，难以赢得尊重与信任，就会失去在这个社会之中立足的支撑，何谈个人价值与社会价值的实现？时代新人作为引领良好的社会风尚的主体，要更加注重道德修养在个人成才中的关键作用，要以崇高的德行作为自己最鲜亮的时代底色，要以严格的道德标准要求与规范自己的行为。因而，在核心要义上，"道德"是两者最根本、最核心的内容，是联结中华优秀传统文化与时代新人以保持两者持续互动的精髓。中华优秀传统文化为时代新人提供了道德层面的智慧和积淀，促使他们成为有道德修养的个体；时代新人则通过自己的实践和行动，赋予中华优秀传统文化新的生命力和现实意义，使其在新时代的传承与发展更具合理性。

中华优秀传统文化与时代新人之间的契合性不限于时代使命的同向性与核心要义的共通性。中华优秀传统文化中所内蕴的价值观念、思维方式、行为习惯及生活方式等与时代新人所需要的价值观念、思维方式、行为习惯及生活方式在某些层面是相契合的，中华优秀传统文化五千多年来所凝结成的民族精神和民族传统与时代新人所需的精神状态也有着高度的契合。这些都能为时代新人的成长成才增添深厚的历史底蕴和文化素养。当然，时代的变迁和社会的发展使时代新人能够根据当代社会的实际情况进行适应和转变，不盲目陷入传统的束缚中，而是以传统为积淀，汲取其中的智慧与力量，更好地服务于现代化的发展。

三、时代新人是中华优秀传统文化在当代发展的主体

"若问：人是怎样一种东西？我们可以说：人是有觉解底东西，或有较高程度底觉解底东西。若问：人生是怎样一回事？我们可以说：人生是有

觉解底生活，或有较高程度底觉解底生活。"❶正是人的主体性，才能使人生变得更加有意义，使人的文化存在更加有迹可循。人与文化并不是时空隧道中永不交会的两条平行铁轨，它们之间是相生相连、不可分割的关系，总是存在交叉与融合，共同推动了社会进步。没有人作为主体的文化，就像是被蒙上了神秘面纱，脱离了现实世界的力量而变得虚无缥缈，其本质难以被人们所揭示，作用也不会完全发挥出来，而没有文化的人也不能真正确认人的本质。人的文化存在具有主体性，主要是指人在文化的产生与发展中起到了主体作用。从中华优秀传统文化在当代的发展来讲，中华优秀传统文化必须借助时代新人的主体性力量，充分发挥时代新人的主观能动性，才能实现自身的传承与创新。时代新人对中华优秀传统文化的发展所起的主体作用主要体现在，他们是弘扬中华优秀传统文化的主体，是推动中华优秀传统文化创造性转化、创新性发展的主体，是促进世界不同文化之间交流互鉴的主体。

第一，时代新人是传承与弘扬中华优秀传统文化的主体。没有人类的存在和参与，文化就失去了存在和传承的意义。知识、经验、信念和价值观等文化只有通过各种形式进行传承与弘扬，才能绵延不断。传承是弘扬的基本前提，弘扬是传承的应有之义。新时代传承与弘扬中华优秀传统文化是时代新人所肩负的首要的文化使命。中华优秀传统文化由中华儿女共同创造，在一代代中国人的发展与进步中历经坎坷却成为世界文明史上唯一"未曾断裂的文明"，不但在于中华文明的优秀传统文化基因所特有的遗传性，而且"文化基因传承总是在横向、纵向两个方向上传播和延续，在群体与群体、群体与个体、个体与个体之间发生作用和影响，从而实现了文化'特色'的继承、传播、张扬、发展，丰富着世界文化百花园，并制

---

❶ 冯友兰. 三松堂全集：第 4 卷 [M]. 郑州：河南人民出版社，2001：472.

造了各具特色的文化疆界"❶。千千万万的中华儿女是这种文化基因的"携带者",中华儿女始终将传播与弘扬中华文化作为重要的使命,中华优秀传统文化至今还熠熠生辉的关键在于依靠人的力量将其继承下来,依靠中华儿女把优秀传统文化发扬光大。时代新人是新时代复兴中华的生力军,中华优秀传统文化是凝结着中国人民全部历史实践活动的产物,指导着中华儿女不断向前发展,是中国人过去、现在和未来安身立命的重要精神寄托。因而,中华优秀传统文化在当代仍是中华民族宝贵的精神财富,时代新人保护与传承中华优秀传统文化就是保护中华民族几千年来构筑的精神文化家园,是维系来之不易的人类文明发展高度的重要体现,是对尊重与延续中华文明香火的时代回应,是推动民族文化发展与繁荣的积极实践。

第二,时代新人是中华优秀传统文化转化与创新的主体。实现创造性转化与创新性发展是中华优秀传统文化在新时代发展的两翼。其中,创造性转化是指存续和保留具有当代价值意义的优秀文化,通过现代性的话语和思维方式将其进行提炼与转化,融入现代人的文化生产与生活之中,并能够继续为社会发展提供文化动力。创新性发展是指立足于新时代语境与社会发展的需求,通过对中华优秀传统文化的重新审视与深入挖掘,加入现代化文化元素,使文化的相关内容更加完善与充实,从而创造出更多符合人们精神文化需求的文化产品。在传统文化的转化与创新过程中,人的主体作用主要体现为,人的欲望及精神文化需求是实现传统文化创造性转化与创新性发展的主要推动力,也决定着文化创造、创新的标准。在当今物质生活已经普遍得到满足的时代,时代新人开始不断追求更高、更丰富的精神生活。时代新人走在当今文化潮流的前沿,他们生活的环境及个性等决定了对文化的需求呈现出个性化和多样化,他们追求更现代化的思维表达方式与话语表达方式,固守文化传统已不适应时代新人的文化创新节

---

❶ 赵传海. 论文化基因及其社会功能 [J]. 河南社会科学,2008(2):50-52.

奏，他们表现出对传统文化进行改革与创新的急切感和激情。因而，时代新人不再满足于传统文化的沉淀与重复，而是积极参与并改造优秀传统文化，尝试以更加现代、更加丰富的文化形式和内容来充实与完善优秀传统文化的面貌，创造出独具个性和时尚感的文化，从创造与创新传统文化中实现满足感与获得感，并得到认同感。他们在满足精神需要与找到心灵归属的同时，也为社会的精神文化生产和精神文化活动注入了新鲜感与活力，体现了人的主体性。

第三，时代新人是推动中华优秀传统文化与世界其他文化交流互鉴的主体。文化因人而具有生命力和活力，失去人的力量，文化如同一潭死水，何谈文化各支流之间的融汇与交流？人是社会性的动物，通过社会交往的形式建立各种社会关系。全球化进程的加快打破了国与国、人与人之间的封闭孤独状态，从而在各国之间的交往中形成了具有世界性的社会关系网，人们就是在整个关系网中互通有无地进行交流。"主体和主体共同分享着经验，这是一切人们所说的'意义'的基础，由此形成了主体之间相互理解和交流的信息平台。人们的活动在这种文化的氛围中进行，因而也就有了使所做的事情变得有意义的前提。"❶在社会交往中，无论是物质交往活动，还是精神交往活动，每个主体（包含国际主体）都是刻有本民族文化烙印的个体，国家与国家之间的交往活动实质上也从政治外交开始转为"文化外交"，以更好地维护和服务于本国利益。故而，文化是人们进行交流、传播意识形态的工具，人能够更好地利用文化工具达到特定的目的，从人的社会性本质来看，交往既是人的需要，又是人的目的，人的确能够推动世界各文化之间的交流与融合。时代新人何以成为推动中华优秀传统文化与世界其他文化交流互鉴的主体？其一，时代新人的包容性与开放性胸怀能够有效规避各文化之间的激烈碰撞和冲突。各具特色的民族文化能够在世

❶ 郭湛. 论主体间性或交互主体性 [J]. 中国人民大学学报，2001（3）：32—38.

界文明史上共生共存，离不开各国人民兼容并包的文化心态。时代新人是改革开放中的弄潮儿，深受全球化的影响，形成了开放性与包容性的性格特征，兼具开放思维与国际视野，既能够秉承尊重与传承中华优秀传统文化的态度，在面对其他文化的输入时，也愿意主动了解和接纳适合本人、本民族的外来文化，对文化差异性的容纳度较高。这种良好的文化心态使他们主动将传统文化与其他文化进行对话和交织，从而避免产生较大的冲突，主动寻求共同点和融合之处。其二，时代新人的批判性思维与创新性思维能够推动各民族文化之间的融合、互鉴、发展。世界文化之所以多姿多彩，不仅是各民族人民的智慧结晶，还在于人类各文化之间的相互融合，造就了如此丰富多样的文化形式。时代新人在批判性思维的作用下，既能识别外来文化中的不利因素，也能超越本民族文化的局限，以中肯、客观、全面的态度促进传统文化与外来文化相融合，避免文化渗透与文化殖民。时代新人在创新性思维的作用下，能够以勇敢的心态和冒险的精神，敢于创造出融合各种文化元素的创新产品和理念，促进文化之间的相互渗透，勇于尝试新的文化交流方式和合作模式，如推行"文化外交"等，推动中华文化走向世界，也欢迎世界文化走进中国，让传统文化在世界文化融合中重焕新的生机和活力。

第二节　以文化人与以文育人

以文化人与以文育人是以中华优秀传统文化涵养人、培育人的"代名词"。它们的价值取向一致，旨在强调文化对于人类自身发展和文明传承的重要作用，即人们在漫长的历史进程中改造自然及各类社会活动过程中所创造的物质文化、精神文化、制度文化和行为文化等反过来又对人类自身的发展起到教化作用。"化"与"育"旨在强调某种方法论，即路径和基本方法。因而，从一般意义上来讲，以文化人与以文育人不存在较大的争议，只是同一事件过程的不同方面和不同表述，也很少有学者对此作具体的区分。"文"是指以什么内容来进行涵养与培育，"人"既是对象也是目标，即以涵养和培育什么样的人为目的，"化人"与"育人"的价值旨归指向培养德智体美劳全面发展的人，促进人的全面发展，可以笼统地认为是指通过文化的力量影响和塑造人，因而常常将其合并使用为"涵育"，代指通过文化熏陶与文化教育等手段对人施加影响。但"涵养"与"培育"终究是两个意义不同的词语，文化能够涵育人在于文化既有涵养的功能，也有育人的功能。为了深入理解与剖析中华优秀传统文化涵育时代新人的逻辑关系，有必要对"涵养"与"培育"稍加区分，从学理上进行直观、具体的对比，突出不同词语背后的隐喻意义。时代新人的成长与发展离不开优秀传统文化的"化"，更离不开中华优秀传统文化教育的"育"，因而既要充分发挥中华优秀传统文化本身的"化人"功能，也要加强对时代新人的中华优秀传统文化教育，从而将时代新人与中华优秀传统文化更好地结合起来。

一、以文化人：以中华优秀传统文化涵养时代新人

"涵养"是指积蓄、保持水分。这个含义通常用于描述生态学、农业和林业等领域中的水分保持与利用过程，在自然界中保持与利用水分以满足植物和生态系统的需求，如涵养丛林、涵养水源等具有生态保护层面的意义。将其引申到人与文化的关系上，也可以指个人对文化资源的积蓄与保持，文化涵养人即个体经过文化的熏陶、滋养、教化、感化等途径保存、培育、传承、发展优秀的文化价值观、民族习俗及行为习惯的过程，文化可以帮助人们积蓄文化能量，提升文化能力。虽然以文化涵养人与生态学中的涵养概念略有不同，但在某种程度上都强调了保存和培育的意义。涵

养作为名词来使用时，一般是指主体通过长期的积累与修炼而拥有或通过外在表现出来的具有稳定性的某种内在气质和修养，如人们常常以一个人是否具备高尚的道德品质和道德涵养来评价他的道德修养。涵养作为动词来使用时，通常指代培养、养成并保持某种品质或态度的过程，它包含了培养、养成和保持等含义，也有感化、美化、熏陶、滋养等含义，而不简单指拥有某种品质。如蔡元培在《对于教育方针之意见》中提到通过美育培养个人对美的感知、理解和欣赏能力，"欲养成公民道德，不可不使有一种哲学上之世界观与人生观，而涵养此等观念，不可不注重美育"❶，即以美来感化、培养、熏陶人，使其形成正确的世界观、人生观和价值观。以中华优秀传统文化涵养时代新人与蔡元培所讲"以美培育三观"不谋而合。

中华优秀传统文化为时代新人的成长与发展提供了文化基础，既为时代新人的发育成长提供了文化土壤，也为时代新人的发展成才积蓄了文化能量。中华优秀传统文化以无形的力量涵养时代新人，可以被视为优秀传统文化在时代新人的发育成长过程中起到了滋养、充实、丰富、浸润、武装和引导等影响作用，使时代新人能够按照一定的文化标准和社会要求进行自我提升和自我完善。以中华优秀传统文化涵养时代新人具有以下几个方面的特点。

第一，中华优秀传统文化涵养时代新人具有渗透性的特点。物质文化、制度文化与精神文化并称为文化的三种核心形式，但文化终究是"以一种'思想'的形式而存在；制度文化与物质文化都是'思想'的产物，都是思想变为现实的一种形式"❷，故而文化作为一种无形的力量，是一种抽象的概念，通过语言、文字、习俗及各种艺术形式影响人们的价值观、思想、心理和行为。文化就像空气，无时无刻不存在于人们的生产生活中，通过人的社会化过程渗透进人的认知、思维和价值观之中，并成为社会的凝聚

---

❶ 蔡元培. 蔡元培全集：第8卷［M］. 杭州：浙江教育出版社，1997：254.

❷ 宋洪云. 文化与哲学［M］. 北京：知识产权出版社，2019：41.

力。以中华民族的发展为例，千千万万的中华儿女之所以能够始终团结一致，凝聚在一起，共同对抗外敌入侵，原因在于总有一种心灵上的默契在中华儿女之间相互作用、相互感应、相互牵绊，而这种心灵的默契便来源于中华优秀传统文化中的民族精神，文化作为一种精神力量渗透进每一个中华儿女的内心并世代传承。中华优秀传统文化涵养时代新人是以其深厚的文化底蕴和独特的文化魅力，通过环境渗透、文化产品渗透和传统习俗渗透等形式来使时代新人在文化环境中获得沉浸式体验的过程。这种体验促使时代新人增加对传统文化的了解和体悟，获得文化素养和价值观念，触动时代新人的内心，引起时代新人的共鸣，强化时代新人的主流文化价值观认同。

　　第二，中华优秀传统文化涵养时代新人具有非强制性的特点。与对个体进行强制性规定的法律规范不同，道德是基于个体内心的价值观与道德判断，不具有强制性的约束力。中华优秀传统文化的精髓是中华优秀传统伦理道德，以中华优秀传统文化涵养时代新人，不是通过强制性或激烈的方式，同样不具有强制性。中华优秀传统文化内容丰富、形式多样，为人们提供了广泛的选择。对于时代新人来说，他们有权选择接受全部或部分优秀的传统文化，也有权选择用哪种文化来浸润和陶冶自己的情操、提升自己的道德水平。这种选择取决于他们的自由意志和能动选择，而不是被强制接受某种文化或价值观。以文化人必须充分考虑到作为主体的人的自由意志和能动选择，使他们能够主动吸收和汲取中华优秀传统文化的营养以浸润自我的心灵与品行。因而，在中华优秀传统文化涵养时代新人的过程中，总是采取较为隐性和间接的方式，通过潜移默化的文化熏陶与文化感化，以"春风化雨，浸润心扉"的温和细腻的方式方法来达到一定的教化效果。这种潜移默化特别体现在环境对时代新人的涵养作用，时代新人生活在新时代圈定的特定文化环境中，已经通过日常的接触与体验置身于文化之中，"这些具有文化品位的建筑、景观和象征性符号对人的影响，往往超出其自身价值而被赋予了新的含义"❶。时代新人在悄无声息中已经自然而然地主动接受文化环境对其生活方式、价值取向和行为准则的影响，而这种作用往往非外界压力所致。

第三，中华优秀传统文化涵养时代新人具有长期性的特点。不同于教育的特定性和专业性，涵养具有长期性和持久性。人的文化素养、文化鉴别力、文化创造力的形成与提升不是一朝一夕的事情，需要长久的文化浸润。从一个人出生起，文化现象便伴其左右，滋养着人的出生、成长与发展过程。文化的熏陶与感染贯穿一个人的一生，"不积跬步，无以至千里；不积小流，无以成江海"❷。人们吸收文化的营养取得的效果不是立竿见影的，而是要经历长久的过程，在文化世界中不断积累经验，不断进步，才能形成较为稳定的人格特征、价值取向及行为习惯等，是对人的耐心与耐力的考验。中华优秀传统文化对时代新人的作用要通过长期的熏陶和感染才能体现出来，从而使时代新人在不知不觉中接受与认同符合社会要求的价值观和行为方式。优秀传统文化的这种影响是深远而持久的，能够逐渐深入时代新人的内心深处，成为他们行为和决策的内在驱动力。正如"蓬生麻中，不扶自直"和"入芝兰之室，久而自芳"，人们在良好的文化环境中生活久了，自然会受到熏陶和感染，形成良好的品德和行为习惯。

二、以文育人：以中华优秀传统文化培育时代新人

世界的复魅在于教育，通过教育可以追忆和还原世界本来的文化样貌，人类依靠教育与文化的实践活动逐渐建立起与自然、社会之间的联系。教育与文化息息相关，人类的每一项活动都含有文化因素，教育则在人类生命活动和生产活动的延续中起到巨大作用。以文育人的实质是"在知识教

---

❶ 李春华. 文化的"化人"与思政的"育人"[J]. 马克思主义研究，2012（9）：138-144.

❷ 荀子 [M]. 廖名春，邹新明，校点. 沈阳：辽宁教育出版社，1997：2.

育中，通过文化价值等各种非智力因素的介入，以有机整体，共同构成对人才发展良好的内在动力因素，从而使培养对象形成一种互生互补，生机勃发的文化生态，达到'文而化之'的目的"❶。文化育人是以中华优秀传统文化培育时代新人的逻辑前提，旨在对时代新人进行中华优秀传统文化教育，通过系统的优秀传统文化教育来影响人、塑造人和培养人，将特定的文化知识与价值观念等通过一定的教育手段传递给个体，从而达到使时代新人具备丰富的文化知识、文化技能，提高自身的文化修养等教育目的。教育的根基在于文化，教育的过程是人的文化本质不断得到确认与彰显的过程，以中华优秀传统文化培育时代新人内蕴着文化的教育性与教育的文化性两个方面，体现出教育与文化之间相互作用、相得益彰的理论意蕴。教育的文化性与文化的教育性之间相互联系、相互促进。教育的文化性能够促进文化的传承和发展，让人们更好地了解和认同自己的文化；文化的教育性则能够提高人们的文化素养和人文素质，促进人的全面发展。教育的文化性与文化的教育性从两个维度层面构成了文化育人的理论基础，为培养具有正确价值观和文化素养的时代新人提供了重要的支撑。

文化的教育性是中华优秀传统文化培育时代新人的基本理论基础。没有文化，教育的价值无从谈起，教育对人类的价值体现"来源于它所传递、传播的社会文化和知识"❷。文化的教育性是指文化在塑造人的思想和行为方面所体现的教育功能和教育价值。中华优秀传统文化对培养时代新人的思想、观念、价值、心理等能够起到正向有益的作用，具有普遍性的教育价值。第一，中华优秀传统文化是一种宝贵的教育资源。在教育领域，可以运用中华优秀传统文化中的文化资源，开展文化教育，培养人们的文

---

❶ 章兢，何祖健. 从"知识育人"到"文化育人"——整体论视野中的大学素质教育[J]. 高等教育研究，2008（11）：9-13.

❷ 胡德海. 论教育的功能问题[J]. 西北师大学报（社会科学版），1999（2）：8-14，107.

化素养和文化认同感。中华优秀传统文化博大精深、内容丰富，囊括了天文历法、自然地理、历史哲学、人文精神、伦理道德、民族习俗、服饰礼仪、传统中医、文学艺术、科学技术、音乐舞蹈等文化形式，涉及人与自然、社会关系的方方面面，承载了中华儿女的历史记忆，见证了中华民族的历史变迁。这些文化成就代表了中国古代人民的集体智慧，是中华民族几千年来的精神积淀，为现代化教育的发展提供了坚实的传统文化基础和精神支撑，使教育在当代能够落地生根。第二，中华优秀传统文化具有天然的教育功能。以伦理型的道德文化为核心的中华优秀传统文化，在中国两千多年封建社会中占据主导地位，形成了"修身、齐家、治国、平天下"的价值理念，集中体现着中华民族的价值观念。在特定时期内占主导地位的意识形态文化具有天然的德育功能，即通过宣传、传播与弘扬主流的价值观、道德规范和行为准则等非正式的教育手段，能够对时代新人的思想和行为产生潜在的影响，从而增强时代新人的文化认同，凝聚社会共识。第三，中华优秀传统文化的实践是教育的途径之一。文化活动是一种教育活动，具有一定的教育意义。多样性的文化活动为时代新人学习与认识中华优秀传统文化带来更丰富的体验方式，与传统的课堂教学相比，文化活动通常更加灵活、多样和有趣，能够激发时代新人的学习兴趣和积极性。通过参与各种文化活动，他们能够获取文化知识，提高文化素养，在不知不觉中接受优秀传统文化教育。第四，中华优秀传统文化蕴含着丰富的教育思想。"尊师重道"暗含古代中国的教育思想由来已久，且取得了一系列教育成就，并造就了一大批优秀的教育思想家，如孔子、孟子等；形成了丰富的教育思想，如"因材施教""有教无类""循序渐进"的教育原则，"言传身教""知行合一""启发诱导"的教育方法等。这些传统教育理念与现代教育、国际教育逐渐融合，成为教育的现代化发展的宝贵经验。

教育的文化性是中华优秀传统文化培育时代新人的内在价值体现。教育作为人类独有的实践活动，离不开文化及其作用，"教育依赖于精神世界的原初生活，教育不能独立，它要服务于精神生活的传承，这种生活在人们的行为举止中直接表现出来"❶。教育的文化性是指传授知识、传递价值观的教育活动从本质来讲是一种文化现象，是构建文化体系、塑造"文化人"的过程，教育中涉及的价值观、道德规范和信仰等都是特定文化的体现。中华优秀传统文化培育时代新人的实践活动不仅是一种教育活动，更是一种文化行为的体现，承担着文化传承与文化创新的责任。第一，任何教育活动都是在特定的文化语境中进行的，并且受到文化环境的制约。一定社会形态下的文化传统、价值观念、宗教信仰、道德规范、社会习俗等各方面的文化因素，都会对教育活动产生直接或间接的影响。从文化语境的纵切面来看，同一国家的教育在不同历史时期呈现不同的特点，每一历史时期的教育活动受占主导地位的文化价值观的影响最大。从文化语境的横切面来看，同一历史时期不同国家的教育类型存在差异，社会性质不同造成了文化性质不同。在不同的社会制度、政治体制和经济环境及文化语境下，人们对于教育的认知、目的和方式等也会有所不同，如在东西方文化影响下的教育思想呈现不同特点，形成了不同的教育理念和教育体系。第二，教育是被刻上深深的文化烙印的人类特有的实践活动。特定时期的教育总是内蕴着对特定社会文化形态及文化理念的运用与诠释，教育目标、内容、方法和载体等都从内到外渗透出文化意味。中华优秀传统文化教育的目标是提升人的道德素养，培育全面发展的时代新人，反映出时代新人对美好精神文化生活的追求与向往，与国家的文化价值观的取向不谋而合。中华优秀传统文化的教育内容包含了人与人、人与自然、人与社会、人与国家、国家与国家之间和谐关系的诠释和阐述，蕴含着中华民族丰富的文

---

❶ 雅斯贝尔斯. 什么是教育 [M]. 邹进，译. 北京：生活·读书·新知三联书店，1991：42.

化内涵，体现了中华优秀传统文化独特的文化风貌。中华优秀传统文化教育的方式、方法寓于各种文化活动之中，所运用的课堂教学、讨论，课外实践活动、文化艺术活动等教育形式都是教育文化因素的体现，教育作用的发挥需要借助具有浓厚文化气息的载体来实现。第三，教育具有特殊的文化价值。保存与传承文化是教育的基本文化职能。文化是集体智慧的结晶，只能通过集体的力量得以保存和传承，"从一定意义上来讲，文化是个人从所属社会中得到的东西的总和，而不是单靠个人的创造得到的，作为过去的遗产，它只能由教育加以继承"❶。远在古代中国，祖先们就利用语言、文字、书帛等载体，以家庭继承、书院教育、乡学教育、拜师学艺等教育方式将所学知识、技能、技艺、价值观念等代代相传，以完整、先进的教育体系保证文化体系的持久性和稳定性，是文化得以保存和传承的前提。选择、整合与创新文化是教育的重要职能。教育能够通过一定的文化方式从诸多文化中筛选出符合社会价值观、道德和法律规范及符合人的发展、社会发展的教育文化元素与内容，并通过对传统文化与现代文化的整合，对不同地域和民族文化的整合，以及对不同学科和领域文化的整合，在认识与理解文化的基础上进行文化创新，实现文化再生。由于所处时代和环境的不同，每一代人都不是原封不动地复制和被动接受所有传统文化，人们会根据自己的认知、经验等，对原有文化进行重新审视和理解，将新的文化元素、思想观念等融入原有文化，不断衍生出新的文化元素，赋予原本文化以崭新的内涵与形式。因而，从本质上来看，教育的过程就是文化再生和再造的过程，在系统的教育影响下，人们不断改造和丰富原有文化体系和文化结构，社会的教育和文化事业实现共生双赢。

---

❶ 叶澜，等. 教育理论与学校实践 [M]. 北京：高等教育出版社，2000：124.

第四章

中华优秀传统文化涵育时代新人的内容之维

一个国家、民族和社会等各个层面的历史与文化因素的综合，确证了人是历史性的文化存在。历史与传统文化不仅提供了我们对自己和世界的理解框架及认知工具，还塑造了人们的价值观念、行为方式与意义框架，使我们对生活和存在的意义及目的有了深刻理解。不同的历史和文化背景会赋予生活不同的意义及价值，中华优秀传统文化赋予中华民族源源不断的精神力量及生生不息的生命力，使中华民族在世界文化历史中塑造了独有的文化形态。"文以载道，文以化人。当代中国是历史中国的延续和发展，当代中国思想文化也是中国传统思想文化的传承和升华，要认识今天的中国、今天的中国人，就要深入了解中国的文化血脉，准确把握滋养中国人的文化土壤。"❶ 从这个意义上讲，人们只有深入认知与理解优秀传统文化的内涵和内容，以及在当代能够为人们所提供的价值意义，才能更好地面对现实与未来的问题和挑战。博大精深的中国传统文化蕴含着丰富的文化内容与文化形式，涵盖了中国社会在历史发展中的方方面面，内容广而深。但对于时代新人的涵育来讲，要有目的、有选择、有针对性地择取适用于时代发展及时代新人需求的文化内容，对涵育时代新人的内容进行合理的考虑与设计，基于中华优秀传统文化内容的核心与精髓，使传统文化的优秀基因得以传承和再造。

---

❶ 习近平. 在纪念孔子诞辰 2565 周年国际学术研讨会暨国际儒学联合会第五届会员大会开幕会上的讲话［M］. 北京：人民出版社，2014：12.

第一节　中华优秀传统文化涵育时代新人的内容选择

　　中华优秀传统文化的内容之所以在培养时代新人过程中占据核心地位，是因为它是传递和传播中华优秀传统文化知识及信息的载体与媒介，能够帮助时代新人获取和理解优秀传统文化的相关知识。内容在涵养与培育时代新人过程中的作用不言而喻，以哪些内容来涵养与培育时代新人关系着培养时代新人的性质、方向和具体效果，是涵养与培育时代新人过程中的核心要素，是廓清优秀传统文化与其他中国传统文化边界的关键要素。中华优秀传统文化涵育时代新人的内容是经过特定主体筛选、以文本或实践的形式向时代新人传递的优秀传统文化的相关知识和信息，如以政治观念、思想观点、价值观念和道德规范等为内容依托，是实现培育主体与时代新人之间良性互动的桥梁。中华优秀传统文化涵育时代新人的内容选择受到多种因素的影响，其中最大影响因素来自作为主体的人，人不仅是选择与判断内容优劣性的主体，人的文化需求也成为选择内容时最应该考虑的因素。同时，选择怎样的涵育内容还内蕴着时代新人培养的目标和立德树人的导向，培育什么样的时代新人决定了选择什么样的中华优秀传统文化内容。在选择中华优秀传统文化的具体内容时，我们需要综合考虑人的主体性、文化需求、培养目标等因素，以实现培养时代新人的全面性和有效性。此外，随着社会的快速变迁，我们也需要根据时代的发展和社会的需求，不断调整和优化其内容，以应对现代社会的困难与挑战，推动中华优秀传统文化的传承和发展，培养全面发展的、担当民族复兴大任的时代新人。

一、中华优秀传统文化涵育时代新人内容选择的基本原则

选择哪些中华优秀传统文化的内容来涵养与培育时代新人直接关系到涵育的实际效果，要以适切性原则为根本指导，保证涵育的内容与个体、社会的发展需求相结合。这意味着内容的选择要以时代新人的培育目标为价值导向，根据时代新人的需求、背景与发展进行量身定制，并且与社会的需求和变化相适应，符合社会的基本价值观与价值标准。因而，在对中华优秀传统文化涵育时代新人的内容进行选择时，要坚持批判继承、目的性、主体性和时代性等基本原则，合理安排和调整中华优秀传统文化的内容，使其更加贴近时代新人的内心。

（一）批判继承的原则

传统文化是历史的产物，历史与社会的复杂性导致了传统文化的多样性和复杂性。中国传统文化内容广而杂，既涵盖了精华的文化成分，也掺杂着许多糟粕的文化成分，而且这两者并不是泾渭分明的，它们往往相互交织，难以截然分开。不是所有的中国传统文化的内容都可以称为中华优秀传统文化。中国传统文化是特定历史时代的产物，能够适应当时社会与时代的发展，但这些特定的思想观念与价值观之中，存在一些陈旧、落后的思想和文化，如"三纲五常"的封建礼教、"男尊女卑"的性别观念等。这些传统思想观念已经与现代社会和现代人的价值观念产生激烈的碰撞与冲突，如不加以分析与鉴别，只能阻碍人的成长与社会的进步。传统文化的精华与糟粕之分受到诸多因素的影响，只有那些能够为当今时代提供广泛、普遍的通用价值、能够为社会和人的发展提供正向作用的传统文化才能被视为优秀的传统文化。因而，在选择中华优秀传统文化的内容时，主体要学会对中国传统文化进行"真伪"鉴别，坚持辩证的态度，不照单全

收，也不全盘否定，而是以批判性的思维对传统文化的价值观与思想等进行全面的分析与取舍，保留传统文化中积极健康的方面，超越其中限制和落后的观念。要审慎地看待、保护、利用、欣赏、汲取和继承中国传统文化中的优秀精华成分，彰显出中华文化的当代价值和时代意义，使优秀传统文化经由作为主体的时代新人而重新孕育出人类文明形态，激活中华优秀传统文化在新时代的生命力。

（二）目的性原则

只有明确目的，才能更好地进行内容选择。中华优秀传统文化涵育时代新人的内容是时代新人培养目标的具体化和重要体现，"培养什么样的人"的培养目标规定了中华优秀传统文化具体的涵育内容。根据第一章中对时代新人基本素质的界定，时代新人的基本素质囊括了有理想、有道德，学本领、敢创新，肯奋斗、担责任，练体质、强心态，拓视野、有胸怀这几个方面，同时根据学界有关时代新人培养目标的分析与总结，在综合考虑时代因素和其他因素的基础上，时代新人的培育目标可概括为以下几个方面。第一，使其成为具有坚定的理想信念和高尚的道德品质的人；第二，使其成为具有扎实的专业知识和技能、创新意识和创造力的人；第三，使其成为具有拼搏奋斗的精神和责任担当意识的人；第四，使其成为具有健康的身体素质和强大心理素质的人；第五，使其成为具有国际视野和开放胸怀的人。中华优秀传统文化内容的选定要能够使一切影响都朝着有利于实现时代新人培养目标的方向倾斜，体现出针对性和全面性。时代新人的培育目标涉及德智体美劳的方方面面，因而传统文化的内容选择要与时代新人的培养目标高度契合，充分考虑将德性修养、智慧之道、创新思维、责任意识、心理身体健康等作为涵育的主要内容，既要坚持全面兼顾，也要突出重点，同时要根据目标的不断变化规划和调整优秀传统文化的部分内容，以更加切合时代与人的需求。

（三）主体性原则

人类天生就是主体，这是人类自我意识和自我认知能力高度发达的体现。他们能够意识到作为主体的权利与责任，"没有个人或组织能拒绝成为主体，除非他放弃存在的权利和义务" **❶**，人的存在与发展决定了人必须以主体的身份参与及改造自然和社会。主体性是人之为人的本质之一，对人的精神文化生活起到重要作用，是人对自己生命意义和存在意义的探索与追求。在中华优秀传统文化涵育时代新人的实践过程中，人不仅是传递与传播中华优秀传统文化内容的主体，还是判断与筛选中华优秀传统文化内容的主体；是接受与认同中华优秀传统文化内容的主体，也是推动中华优秀传统文化转化与创新的主体。总之，在选择中华优秀传统文化的内容时，必须始终坚持主体性原则。一是内容要符合时代新人的现实需要和认知水平，内容最终在何种程度上产生怎样的心理期望和效果都是培育对象自主选择的结果。要充分尊重时代新人的精神文化需求，时代新人是有主体选择意识和选择能力的人，他们对自己的认识和认知更加深刻，对自我的文化意愿和偏好了如指掌，能够自主地选择和决定自己感兴趣的传统文化内容。内容的选择不应该一味追求一种主导的文化标准，而是要充分认识到不同个体与群体有不同的文化需求和历史背景，要尊重他们的选择权和参与权。二是为了帮助时代新人培育主体意识、肯定自我价值，在进行文化内容的选择时注重传统文化中关于人的主体性意识的内容，帮助他们成为主动接纳知识的主体，而不是被动接受知识的工具，体现人的尊严与价值。同时，要与时代新人的实际生活相结合，直击现实，引导他们走向主体的人的世界，不断提高自身的文化素养，这也是传统文化时代价值得到充分彰显的体现。

---

❶ 李福华. 高等学校学生主体性研究［D］. 上海：华东师范大学，2003：9.

（四）时代性原则

确立和构建中华优秀传统文化涵育时代新人的内容，是基于时代新人的需求和时代发展要求的双重考量。内容的设置既要满足时代新人的需求，也要紧跟时代发展的脚步，才能实现内容体系的科学建构。中华优秀传统文化涵育时代新人的内容设置要遵循时代性的原则，要以问题意识为导向，以把握时代特征为基础，通过传统文化内容的转化与创新，与时俱进地对人和社会的发展施加一定的影响。一方面，问题是时代发展的风向标，是反映社会现实的"声音"，树立问题意识是确立中华优秀传统文化内容的前提。要求主体以敏锐的观察力、深入思考的能力洞察当今世界、社会及人的发展存在的现实问题，择选出优秀传统文化中对解决当代问题具有价值意义的现代文化因子，如生态环境问题、公平发展问题、道德修养问题等，从而更准确、更具有针对性地确定优秀传统文化的内容和方向，为解决人与社会的现实问题提供有益的支持和帮助。另一方面，文化不是停滞不前的，每一个时代的传统文化都在适应时代的经济、政治要求的基础上与时代大潮相融合。时代新人是在新时代的背景下出生和成长的一代，带有鲜明的时代烙印。中华优秀传统文化涵育时代新人的内容设置要分析时代特征，体现时代精神，内容的改革与创新要与时代的发展趋势相协调，关注时代的发展趋势和未来需求，注重培养时代新人的创新精神、实践能力和国际视野，增强中华优秀传统文化内容的魅力与亲和力。

二、中华优秀传统文化涵育时代新人的内容本质

中国传统文化博大精深，是一个包罗万象的庞大内容体系，主要囊括了伦理道德、哲学、史学、文学艺术、传统礼仪、节日风俗、服饰饮食、中医文化、建筑文化、科学技术等各个方面，涵盖了政治、经济、道德、

心理、艺术等多个内容。这些内容具有客观性，是人们在长期的实践生活中所形成和沉淀的客观事实，是人们物质生活的直接反映。这些内容通常是人们对日常生活经验的总结，也可以是来自人们在社会生活的相处过程中所形成的风俗习惯和生活方式，还可以是来自中华儿女对美好生活的向往孕育而成的文化形态。但从现实来看，中国传统文化的智慧和结晶都体现了人们对于自然、社会及生活的认知与理解，是中国人民价值观念与精神境界的反映，它鼓励人们热爱生活、追求美好，这种追求并不仅仅是个人的实质需求，更是对社会和人类整体发展的关注。在诸多的内容结构之中，道德型或者伦理型文化占据了中华优秀传统文化的主导地位。正如钱穆所认为的那样，中国的历史精神便是道德精神，"中国历史乃由道德精神所形成，中国文化亦然。这一种道德精神乃是中国人所内心追求的一种'做人'的理想标准。乃是中国人所向前积极争取薪向到达的一种'理想人格'"[1]。人的文化存在是人之为人的本质之一，从人性的角度来看，道德是人作为一种文化存在者的固有价值追求。对道德的追求与向往才真正体现出人类文化的深度和高度，"惟有在这样的高度，我们才能发现并承认，道德除了利益的道义论根源之外，还有一个内在隐秘的人性的目的论根源，后者对'人为什么要有道德？'给出了一种彻底的解答：因为人性的即道德的，或者道德的即人性的"[2]。在道德的要求之下，人类实现文化传承与不断的自我超越，在道德的引领之下，人们追求更高层次的精神价值，推动了人类文明的进步和发展。

中国传统文化是以德性文化为主导的文化价值体系，这种文化强调的是道德、伦理等价值观念。从哲学角度看，人是社会的产物，人的本质在于其社会性。人总是处于一定的社会关系网络之中，并受到社会网络的影响和制约。无论是人的生产还是生活，都需要同自然界、社会、其他人和

❶ 钱穆. 中国历史精神［M］. 北京：九州出版社，2016：130.

❷ 万俊人. 人为什么要有道德？（下）［J］. 现代哲学，2003（2）：46-50，58.

周围的事物建立联系与交往，而在交往过程中的冲突与矛盾不可避免，中华优秀传统伦理道德为化解和解决这些矛盾提供了方法论指导。"伦理道德控制着一切文化领域，不管是政治领域、经济领域还是教育领域、军事领域、科技领域，人与他人、社会、自然之间的关系无一例外统统都打上伦理道德的烙印。"❶伦理道德在社会的各个领域中都扮演着重要的角色，中华优秀传统伦理道德旨在通过善恶的评价标准，提倡以非强制性的方式，调节人与人、人与自然、人与社会等一切关系从而达到万物和谐的状态，形成了道德意识、道德规范和道德行为等范畴，构建了诸如个人品德、家庭美德、职业道德、社会公德等伦理关系。在当代，人与自然、人与人、人与社会等矛盾并未完全消弭，甚至呈现出日益严重的趋势，这些矛盾和问题成为全球范围内关注的焦点，也是各个国家和地区亟待解决的关键问题。中华优秀传统伦理道德作为中华民族的瑰宝，其所蕴含的精髓和核心思想在当代社会仍然散发着时代价值的光辉。因此，传统伦理道德是中华优秀传统文化的本质性内容，中华优秀传统文化在涵育时代新人方面，以其道德型或伦理型的内容为主导，凸显其深厚的道德功能，强调人的道德修养和行为规范，以塑造具有高尚品德和良好行为习惯的时代新人为价值目标。

第二节　中华优秀传统文化涵育时代新人的具体内容

中华上下五千年的历史文明造就了中国文化独有的魅力，赋予了中国

---

❶ 鲁力．中国传统文化的思想政治教育价值研究［M］．北京：中国社会科学出版社，2017：120．

文化绵延不断的能量，展现出中华民族的人文精神。人是中国传统伦理道德文化的核心，人文精神充斥和贯穿了中国传统文化发展的首尾，是中国人独有的文化精神体系。"中国文化的根本精神是一种人文的精神。所谓人文精神，最根本的就是对人的自我认识、自我管理。只有认识了人，我们才能管理好人，因为人在这个世界万物中是'最为贵''最为灵'的。"❶人文精神是一种以人为本、以人为核心的世界观和价值观，认为人是万物的核心，并融世界万物与人的发展为一体；强调人文关怀和修己正身，包括对自我的认知和管理、控制，通过了解自己、管理自己，人能够在各种社会角色的转化中遵守道德规范，履行自己的道德责任，尽到应尽的道德义务。在人文精神的指导下，人们能够更好地理解他人、尊重万物，处理世界中的各种关系，并通过行动尽到自己的责任，为社会进步和发展作出积极贡献。中国文化中的人文精神在当代社会中仍然起着重要的作用，对于涵育时代新人有着积极的影响。所有的社会关系都是围绕人的成长和发展而建构的，中华优秀传统文化为时代新人所提供的价值观和道德准则也应围绕帮助他们更好地处理各种关系而设。因此，选择优秀传统文化中的人文精神以涵养和培育时代新人，主要从人与自我、人与人、人与自然、个人与国家、个人与世界的关系中探索内容建构的意义。

一、以"厚德载物"为核心的道德品格涵育人与自我关系的和解

"厚德载物"见之于中国古代的经典《周易》。《易经》有云："地势，坤。君子以厚德载物。"❷其本义是用来歌颂坤卦，乾象天，坤象地，《周易》第一卦为乾，代表天体和全阳，第二卦则为坤，代表大地和全阴。"地势坤"寓意为地势稳定平和，大地是至顺的，以其宽广的胸怀承载了世界

---

❶ 楼宇烈. 中国人的人文精神（上）[M]. 北京：北京联合出版公司，2020：3.

❷ 周易 [M]. 冯国超，译注. 北京：华夏出版社，2017：19.

万物的生长繁衍，象征着柔顺和包容。"厚"指深厚、广大之意，而"物"则泛指世间万物，包括人类社会生活中的各种事物和现象。"君子以厚德载物"喻示人类应该效仿大地的宽容和柔顺，应该具备宽容的胸怀、厚重的品德，以承载万物、包容不同，并以此来担当起承载众多人生在世所应承担的责任。"厚德载物"是立人之本，蕴含着丰厚的德性修养的含义，强调人类应该具有高尚的道德品质和道德修养，高度展现出中华优秀传统文化重视德性修养和人文精神的思想特质。

"厚德载物"是中华优秀传统文化中的重要理念和核心精神。它作为中华民族深厚的文化底蕴渗透进中国社会发展的方方面面，能够延伸到人与人、人与自然、人与社会、人与世界等各种关系上，无论是在中国哲学还是在中国伦理的发展史上都占据着重要地位。但更为根本的是，"厚德载物"作为一种人文精神理念，首先强调了人与自我的关系。张岱年认为，"德"就是人要有善良的品行和高尚的品格，两者共同对人的内心起作用，而人与自我的关系就是涵养道德、塑造人格、提升修养的问题，那么如何塑造高尚的人格、涵养高尚的思想道德境界？在厚德载物的理念中，人们被鼓励通过道德内省的方式审视自己的内心世界，反省自己的行为和态度，从而朝着理想的道德人格境界而努力，实现人与自我之间关系的和解。

"厚德载物"的关键在于涵养个人的善心和提升道德修养。中华优秀传统文化注重人的道德修养，认为提升道德修养是立人做事的前提，"自天子以至于庶人，壹是皆以修身为本"❶。中国的哲学家们提出了一系列涵养个人道德品质、提升道德境界的方式方法，以达到至圣至善的道德境界。儒家提出了克己慎独的道德修养方法，"克己"强调对于自身欲望和冲动的克制与约束，不让自己为所欲为，也不能被欲望所控制。同时，"克己"也包括对于自己行为和言辞的谨慎与节制，遵循道德规范和礼法要求，以达

---

❶ 杨天宇. 礼记译注（下）[M]. 上海：上海古籍出版社，2004：801.

到自我约束和社会和谐的目的。"慎独"强调无论何时何地，即使是在闲居独处并且没有他人的监督之下，也不放纵自己行不道德之事，"是故君子戒慎乎其所不睹，恐惧乎其所不闻。莫见乎隐，莫显乎微，故君子慎其独也"❶。君子在独处之时，能做到严格要求自己，依然能保持初心，管理和控制好自己的言行举止，谨慎行事。孟子从人性问题的角度出发，认为人"性本善"，并提出了"存心养性"的道德修养方式。孟子所讲之"心"乃是道德之心，"乃若其情，则可以为善矣，乃所谓善也。若夫为不善，非才之罪也"❷。人生来善良，有人之所以不善良，并不是他天生的过错，而是未能经受住诸多诱惑，因而要学会善于"养心"，才能保持善心不变。"存心养性"就要做到以下几个方面。第一，不做恶事、多做善事，秉承善的原则做事。第二，审视和反思自己的态度、思想和行为，"行有不得者皆反求诸己，其身正而天下归之"❸。第三，养浩然之气，集道义，明事理，养志气，扩善端，故而通过"存心养性"才能逐渐靠近道德的制高点。当然，中华优秀传统文化中关于通过提升个人道德品质而达到厚德载物境界的方式方法并不限于以上所讲，还包括正心诚意、格物致知、积善成德、省察克己、躬身笃行等道德修养方式，都是以达到高尚的道德境界为价值追求。厚德载物在中国传统文化中有着重要的地位，它不仅是一种修身的理念，更是一种做人的准则，"厚德"才能"载物"，有了善良的内心和高尚的品德才能包容万事万物，世界才会纷繁多彩。

"厚德载物"是时代新人立身处世的根本原则之一。在全球化急剧扩张的时代，网络等新兴媒体迅速崛起，时代新人所处的文化背景更加复杂，文化价值观念更加多元化，文化传播方式更加多样化、传播速度更加迅速，使时代新人在道德标准和价值判断、行为规范上容易迷失方向，无法合理

---

❶ 礼记 [M]. 崔高维，校点. 沈阳：辽宁教育出版社，1997：186.
❷ 孟子 [M]. 杨伯峻，杨逢彬，导读、注译. 长沙：岳麓书社，2021：172.
❸ 孟子 [M]. 杨伯峻，杨逢彬，导读、注译. 长沙：岳麓书社，2021：108.

选择和平衡多元思想价值观之间的关系，在各种社会思潮的影响下，他们极易陷入自我怀疑与精神内耗的恶性循环中，人与自我内心之间不断产生纠缠和矛盾。同时，有的人可能因为过度追求私人利益而失去了对基本价值观的认同和坚守，导致价值观混乱和道德失范行为，出现道德滑坡现象。因而，时代新人只有塑造良好的道德人格，才能在物欲横流的社会中保持清醒的头脑和坚定的信仰，为实现自己的人生价值和社会进步作出贡献。厚德载物是古代哲人对至高道德和至圣完人的永恒追求，是中国人民智慧的体现，形成了中国人的精神。正如辜鸿铭所讲："正是温润善良的力量赋予了真正的中国人心灵上更多的同情与理解，这或许是真正的人类智慧，这些智慧力量让他们形成了言语无法形容的温润善良。"[1]人的一生都在追求至善至美，古代哲人们提出通过不同修身养性的方式来提高自己的精神境界，是涵育时代新人形成良好的道德观的思想源头。厚德载物的理念旨在提倡时代新人积极完善个人品德、提升道德境界、践行道德价值观，形成良好的道德习惯和社会责任感，这也是现代社会对时代新人的基本要求之一。"君子深造之以道，欲其自得之也"[2]，君子加深自己的造诣，是希望自己得到一定的收获。时代新人主动以"厚德载物"的传统文化资源涵育自己的善心和道德品质，是为了追求更高的道德境界，从而在一定程度上促进与自我的和解。在厚德载物的理念支撑下，他们可以更好地发现和解决自身的道德问题，面对道德冲突时，能够坚守住道德底线，作出符合道德规范和准则的行为。此时人往往能够保持内心的平静和安宁，向外界展现更为自尊、自信的本我，摆脱过去的内心挣扎与内耗，从而与内心的矛盾和冲突达成妥协，更好地与自我达成和解。这是追求更高的道德境界的体现，是实现自我道德修缮、自我价值的肯定与自我超越的过程，更是不断确证自己是"道德人"的过程。

---

[1] 辜鸿铭. 中国人的精神 [M]. 张恒，译. 北京：文津出版社，2013：14.
[2] 孟子 [M]. 杨伯峻，杨逢彬，导读、注译. 长沙：岳麓书社，2021：123.

二、以"仁爱"为核心的社会关爱涵育人与人关系的和睦

"仁"被视为儒家传统道德的核心思想，是处理人与人之间关系的最高道德准则，也是君子一生都在追求的道德目标。虽然在孔子之前，"仁"的思想早有萌芽，但是孔子发展并扩充了"仁"的含义，将其置于更高的道德地位，以至于后者以"仁学"命名孔子的核心学说。据统计，《论语》中"仁"字出现 100 多次，孔子自己所述的次数高达 80 多次，由此可见，"仁"在孔子那里十分重要，它被视为高尚的道德品格和外在的道德表现。孔子在对其弟子的教育教诲中不断提及和阐述"仁"之含义，"仁爱"思想得到了广泛推广和应用。正如儒学的弟子朱熹所讲："众善之源，百行之本，莫不在是。此孔门之教所以必使学者汲汲于求仁也。"❶"仁"是德性之本，只有具备了"仁"的品质，才能达到最高的道德境界，"仁"在儒家学说中占据着非常重要的地位，是儒家思想的核心和最高价值追求，也是儒家道德体系的思想基础。

"仁"到底承载着怎样的含义呢？儒家"仁"最基本的含义是"爱人"。"樊迟问仁。子曰：'爱人'。"❷"仁"就是要有一颗爱人之心。"爱"规定了人与人相处的规则，即在与他人的相处中要表现出关心、关爱和尊重的态度，强调人们之间要以一颗善良和关爱的心相互尊重、相互帮助。"人"在这里则体现出中国古代对于人性和人的价值的肯定，将"仁"与人的本质相连接，体现了中国古代的人道主义精神。"仁"的思想起源于中国传统以家国同构为基础的社会组织模式，"爱人"体现为从爱亲人到爱他人再到"泛爱众"的递进发展过程。"仁"便以家庭之间的人伦关系为出发点，逐

---

❶ 朱熹.朱子全书：第 23 册［M］.修订本.上海：上海古籍出版社，合肥：安徽教育出版社，2010：3280.

❷ 论语［M］.冯国超，译注.北京：华夏出版社，2017：156.

渐延伸到人与其他人之间的人际关系，甚至扩展至政治领域和其他社会领域中。爱人也不再限于人与人之间，进而扩展到人与自然、人与国家、人与社会之间，成为一种普遍的道德准则。这个过程既体现了儒家思想"仁"的内涵的不断丰富与发展，也体现出人与人之间关系的深化和拓展。

"爱亲"是爱人的初始。"仁"在家庭中是处理人伦关系的原则。"仁"首先体现为亲亲之爱，是建立在血缘基础之上的爱亲之情，"仁者人也，亲亲为大"❶，"仁"发端于家庭关系之中，爱自己的亲人是最基础的表现。孝悌是仁的基础，"孝"是指对父母双亲的尊敬和关爱，"悌"是指对兄弟的关心和友爱，"不爱其亲而爱他人者，谓之悖德；不敬其亲而敬他人者，谓之悖礼"❷。不能关爱和尊重亲人而去关心和尊重别人是有悖于道德与伦理的。人们通过亲亲、敬长、慈幼等方式表达对家人的爱和尊重，这种亲亲之爱是"仁"的初始表现，也是培养"仁"的品质的重要基础。但"爱人"不能止于至亲，还有超越血缘关系之上的爱，这就将"爱亲"推广至爱朋友、爱他人的"泛爱众"之说。在孟子看来，"仁"是人与生俱来、人皆有之的天然的恻隐之心，"恻隐之心，仁之端也"❸，目睹孩童被困于井内之时所流露出的不忍之心是人类共有的普遍情感，因而要通过更广泛的"仁"的实践来激发和体现，能够保持住这种不忍之心和恻隐之心并加以扩充与完善，才能达到真正的"仁"。他将基于血缘亲亲的爱扩展至人类之间共同、普遍的爱，"这亲亲之爱作为'中'或中介性原则，既包含等差性意义，同时，亦本具由自爱或'爱其身'之一端超越地指向于他者的原初的超越性意义"❹，并且强调了"仁"作为一种人际交往原则的重要性，"仁

❶ 礼记［M］. 崔高维，校点. 沈阳：辽宁教育出版社，1997：189.
❷ 孝经［M］. 曲行之，译注. 杭州：浙江古籍出版社，2011：13.
❸ 孟子［M］. 杨伯峻，杨逢彬，导读、注译. 长沙：岳麓书社，2021：52.
❹ 李景林. 教化视域中的儒学［M］. 北京：中国社会科学出版社，2013：166.

者爱人，有礼者敬人。爱人者，人恒爱之；敬人者，人恒敬之"❶。如果我们对待他人时能够展现出爱心和敬意，那么我们就会得到他人的理解和尊重，从而建立起良好的人际关系。"仁者爱人"虽从爱亲人开始，但其本质和落脚点仍是对整个人类的爱，很大程度上是建立在对人道的、同类之爱的共同基础上的。中国传统文化中的"仁"还强调自爱，"仁者自爱"，一个人都不能做到爱自己，更不用谈他能爱他人，也不能得到他人真心的爱。"人必其自爱也，而后人爱诸；人必其自敬也，而后人敬诸。自爱，仁之至也；自敬，礼之至也。未有不自爱、敬而人爱、敬之者也。"❷只有当一个人足够重视和尊重自己，才能够赢得别人的尊敬和关爱，仁义道德的最高境界也不过是自爱罢了。因而，"仁"是中国传统文化中的核心理念，包含了从爱至亲推到爱朋友、爱周围一切人的广泛情感，是古代社会的道德规范，更是君子所追求的高尚的道德境界。

那通过什么途径靠近"仁"，践行"仁"？孔子提出了推己及人、与人为善的方式，即"忠恕之道"。朱熹将其解释为"尽己之心为忠，推己及人为恕"❸，面对自己最真实的内心，这是忠的体现，即"己欲立而立人，己欲达而达人"❹。其要求人们关注他人的利益，想别人之想，凡事都要多站在其他人的角度考虑别人的利益，并且愿意为他人作出贡献，你自己想要得到什么，那么也要尽力帮助别人去争取。通过换位思考和助人为乐的途径，我们可以实现仁德的目标。将这种关心和帮助推广到其他人身上则是"恕"的体现，即"己所不欲，勿施于人"❺。中国人待人接物的态度和行为受其影响非常深，意为不能强求别人做自己都不想做的

❶ 孟子［M］. 杨伯峻，杨逢彬，导读、注译. 长沙：岳麓书社，2021：130.

❷ 法言全译［M］. 韩敬，译注. 成都：巴蜀书社，1999：166.

❸ 朱熹. 四书章句集注［M］. 杭州：浙江古籍出版社，2014：21.

❹ 论语［M］. 冯国超，译注. 北京：华夏出版社，2017：73.

❺ 论语［M］. 冯国超，译注. 北京：华夏出版社，2017：146.

事，自己做不到的事情，也不能要求别人做到，不要将自己的意愿强加到他人身上，不要盲目地要求别人达到自己无法达到的标准。其强调人们要以平等的心态和宽容的胸怀待人接物，表现出谦逊、礼貌和尊重的态度，这是中国传统伦理道德的基本原则之一，也是实现"爱人"的重要途径。

　　"仁"是儒学的核心概念，指的是一种关怀他人、尊重他人、善待他人的道德情感和行为准则，代表着人与人之间的亲和、关爱和共融。仁心是指内心中的仁德，即温和、善良、慈爱的心态。儒家以"爱人"释"仁"，"仁"作为普遍的伦理原则，体现了一种多层次的"爱"的道德要求，又以"忠恕"之道作为实行"爱人"原则的根本途径，"爱人"与"忠恕"的统一，就构成了儒家"仁爱"范畴的基本内容。❶中国传统文化中"仁者爱人"的思想注重人际关系、人伦关系、群体关系的和谐，强调人与人之间应该建立在尊重、平等与宽容基础上的和谐友爱的关系，认为人之所以能够驾驭和超越动物，本质区别在于人有处理各种人际关系的能力，强调人的主体性，是对至高精神境界的向往与追求，致力于在世界万物之间建立起"仁"的道德规范。"仁者爱人"的社会关爱观为时代新人处理各种复杂的人际关系提供了价值准则。时代新人处在由各种关系编织成的社会网中，所扮演的角色不同决定了面对和需要处理的关系不同，坚持"仁"的道德标准能够涵育人与人之间生成和发展和谐的社会关系，实现人际关系的双向反馈和平衡。应以"仁爱"精神涵育家庭关系的和睦，如对子女要做到慈爱，而不是溺爱；对父母要做到孝顺和尊重，反对愚孝；兄弟姊妹之间相互理解与尊重，而不是计较埋怨。应以"仁爱"精神涵育社会关系的和谐，如师生之间相互尊重与关爱，从而建立平等互动的关系；同事之间相互理解与包容，从而建立团结友爱的关系；异性之间相互忠诚与信任，从而建立稳定健康的关系，减少和化解社会关系中的矛盾。"仁者憺怛爱人，

---

❶ 朱贻庭．中国传统伦理思想史［M］．上海：华东师范大学出版社，2003：40.

谨翕不争，好恶敦伦，无伤恶之心，无隐忌之志，无嫉妒之气，无感愁之欲，无险诐之事，无辟违之行。故其心舒，其志平，其气和，其欲节，其事易，其行道，故能平易和理而无争也。如此者谓之仁。"❶董仲舒对"仁"的高度概括与解释，使人们认识到要真正做到"仁"需要具备诸多优秀的道德品质，而在现实生活中，要真正成为"仁爱之人"谈何容易。从过去到现在，"仁"总是被视为最高尚的道德品质，是人们应该努力追求的目标，我们并不否认社会中总有以"仁"的标准严格要求自我的"君子"。在价值多元化的社会环境中，个体能够抵御诱惑、不做损人利己之事，是恪守道德底线的体现。我们大多数人在追求目标的路途中不断完善和提升自我，从而逐渐缩小自己与"君子"之间的距离。"仁爱"思想是时代新人的为人处世之道和安身立命之本，要以"仁者爱人"的交往观引导时代新人遵守社交礼仪，宽以待人，严于律己，学会处理复杂的人际关系；要以"仁者爱人"的义利观引导时代新人坚持集体主义原则，正确处理义利冲突；要以"仁者爱人"的诚信观引导时代新人树立正确的诚信意识，建立良好的信任关系，更好地涵育时代新人的价值观念和道德思想，使其做到关爱他人、积善成德、宽容大度、不争名夺利，培养自我拥有博大的胸怀、宽容的态度、忍让的品质，使扭曲、畸形的人际关系逐渐转为健康、和谐的社会关系，才更能凸显出中华优秀传统文化"仁爱"思想当代价值的弥足珍贵。

三、以"天人合一"为核心的自然观涵育人与自然关系的和谐

重视人与天的关系是中国传统文化的鲜明特征之一。自然界对人类生产生活具有很大的影响，古代我们的祖先依靠狩猎和采集来获取食物及资

---

❶ 春秋繁露［M］. 程郁，导读、注译. 长沙：岳麓书社，2021：132.

源，人对自然的依赖程度很高，发达的农耕文明使人们自然而然地产生了对自然的亲切感，自给自足的农耕经济是"天人合一"理念产生的自然土壤。为了更好地生存与生活，古人早就开始以独特的视角观察天道自然，逐渐开始对人在自然界中的位置及自然界的作用进行思考，寻求人与自然和谐统一的最优路径，并孕育出了"天人合一"的中国传统哲学理念，这是中国古代思想家和哲学家们对人与自然关系思考的文化精髓。"天人合一"思想作为中国传统哲学的基本范畴之一，其思想烙印渗透于中国哲学的各个方面，贯穿于中国传统文化的诸多领域，被誉为中国生态文化思想的最高智慧。近现代思想家对"天人合一"理念基本持肯定态度，认为它是一种具有普遍价值意义和现代意义的思想，从古至今对人类世界的发展都起到了积极的作用。钱穆曾对中国传统"天人合一"理论作出高度评价，认为"天人合一"理论是中国文化对世界和人类作出的最大贡献。对"天人合一"作何解释和理解，不同的哲学家和思想流派看问题的角度不同，对其的阐述存在诸多差别，从本质来讲，它是人们对天与人之间关系的审视，以及如何达到天与人的统一及和谐状态。"天人合一"理念既可以视为调节人与自然关系的基本原则之一，也可以看作中国古代哲人对生态文明的最高追求，更体现为所处时代下人类维护生态平衡与健康的共同责任。

"天"在传统哲学家眼中有着不同的含义，可以是无意志、无精神、无目的的"自然之天"，可以是内蕴伦理观念的"道德之天"，也可以是蒙上宗教神学色彩的"神秘之天"。无论从哪层意义上来看待"天"，都无法绕开"人"与"天"之间的具体关联，传统哲学家们从天人关系的角度论述了"天人合一"的合理性。孔子将天与人之间的关系解释为人应该"敬天""畏天"，他将"天"从西周天命观的神秘之中解放出来，并开始赋予"天"以道德意义和理性意义。"天何言哉？四时行焉，百物生焉，天何言哉？"❶天是孕

---

❶ 论语［M］. 冯国超，译注. 北京：华夏出版社，2017：234.

育万物之根，孔子认为"天"是权威的、至高无上的存在，如果得罪或违背了"天"，这是一种不道德的行为，会受到"天"的惩罚，"唯天为大"❶，人应该顺应"天"，敬畏"天"。孟子则是儒家最早真正阐释"天人合一"理念的哲学家，继承并进一步深化了儒家天人关系之说，他从人性与天的关系阐明了"天人合一"，"尽其心者，知其性也。知其性，则知天矣"❷。孟子主张人"性本善"，而人的这种善良本质是天赋予的，人通过了解自己的心性，自然能够知晓天理，是"天人相通"的体现。孟子还认为"天"拥有人无法控制的外界力量，天道有其发展的自然规律，人有时候无法解释与控制自然现象和命运的变化，"莫之为而为者，天也；莫之致而至者，命也"❸。这种超越人自身的力量就是天命，人只有尽力而为，存心养性，便是对天命的回复。孟子"尽心知天"的思想加深了儒家"天人合一"关系的道德化。董仲舒的"天人感应"学说则将天人关系推向了神秘主义，他赋予"天"以拟人化形象，"天亦有喜怒之气、哀乐之心，与人相副"❹，认为天与人一样具备丰富的情感，所以天与人的感应是双向互通的。"天"本是万物之源，故它决定和影响着世间万物与人的行为，并能以灾象的形式警告或惩戒人的行为，而人的行为也受到"天"的评价和监督。董仲舒主要通过"天人感应"之说来警告和限制过度专制的君权，他认为"天"赋予了皇帝特殊的使命和职责，使其成为能够传达天意和执行天命的人，因而皇帝的一举一动都要遵从天意，顺应天命。张载作为宋明理学的开创者之一，是最早明确提出"天人合一"概念的哲学家，"儒者则因明致诚，因诚致明，故天人合一"❺。他以"气性说"论证了天与人是不可分割的

---

❶ 论语 [M]. 冯国超，译注. 北京：华夏出版社，2017：99.
❷ 孟子 [M]. 杨伯峻，杨逢彬，导读、注译. 长沙：岳麓书社，2021：200.
❸ 孟子 [M]. 杨伯峻，杨逢彬，导读、注译. 长沙：岳麓书社，2021：147.
❹ 春秋繁露 [M]. 曾振宇，注说. 郑州：河南大学出版社，2009：297.
❺ 张载集 [M]. 章锡琛，点校. 北京：中华书局，1978：65.

关系。在张载那里，气是一种重要的概念，被视为构成世界万物的本质元素，气是凝聚成万物的本源，"太虚不能无气，气不能不聚而为万物，万物不能不散而为太虚"❶。天地万物与人的统一性在于都是由"气"构成的，以"气"为纽带，人的本性和天道之间具有一致性，这是张载"天人合一"理念的本体论依据。与张载不同的是，程朱理学派将"理"看作万物之生的本源，"理"是超越了时空的道德规则，即"天理"。"子云谓通天地而不通人曰伎，亦犹是也。或曰：乾天道也，坤地道也，论其体则天尊地卑，其道则无二也。岂有通天地而不通人？"❷乾代表天，坤代表地，虽然它们有着物质上的差异，但它们都是宇宙中最基本的原理和能量，遵循世间统一的规则，天地之道既存在于宇宙间，也存在于人类之中，人与天地之间是相通的，人类是天地间的一部分，受到天地之规则的影响和制约。王阳明的"心学"则把古代"天人合一"思想推向高潮，他认为"心"是联结人与万物的关键因素，"盖天地万物与人原是一体，其发窍之最精处，是人心一点灵明"❸。人心中的"灵明"是宇宙万物的核心，是它们最精妙、最真实的本质。其强调了人与天地之间是相互联系、相互作用的关系，这种"灵明"不是外在的、超自然的存在，而根植于人们心中，是人心最根本的特征。正是因为人心具有这种"灵明"，人才能够认识和理解宇宙万物，才能够与它们形成一体。

　　道家与儒家所讲的"道德之天"含义有所不同，老庄所讲的"天"是指天道的本性，即自然之天。儒家对"天人合一"的关注点在于"人"，赋予"天"以伦理意义，而道家的关注点在于"天"，回到万物自然而然的本然状态，拒绝通过人的外力强加于"天"。因而，老子以"道"为核心观念，提出了他的"天人合一"理论，在对宇宙普遍规律认识的基础上，形成了

---

❶ 张载集［M］. 章锡琛，点校. 北京：中华书局，1978：5.

❷ 二程集［M］. 王孝鱼，点校. 北京：中华书局，2004：182-183.

❸ 王阳明全集（卷三）［M］. 吴光，等，编校. 上海：上海古籍出版社，2012：212.

人、天地、万物、道一体的宇宙论。老子认为，宇宙和万物的生成与演化是由一个共同的力量——"道"引导和驱动的，"道"被看作宇宙之源和万物的根本，它是无以名状的无形无物的存在，"道生一，一生二，二生三，三生万物"❶，意味着宇宙从无中生有，由一分化为二，再分化为三，最后形成了无尽的万物。"道"是超越人类社会的范畴，涵盖了整个宇宙的普遍规律，天地产生于"道"，人也产生于"道"，因而无论是自然界的规律和法则，还是人类社会的规律和法则都统一于"道"，而"人法地，地法天，天法道，道法自然"❷，"道"最终要效法自然，天地与人自然而然达到"合一"的状态。老子强调，人不要利用自己的外力去改变自然，人是自然界的一部分，要按照"道"即规律和规则的规定，顺应自然，效法自然，做到无为而治。其实现了天人关系的新蜕变，明确了人在自然、宇宙中的地位，论述了人之存在的自然合理性。庄子发展了老子的"天人合一"观，认为天人共同合于"道"，"天地与我并生，而万物与我为一"❸，人不能完全脱离自然界，人与自然的关系是相互渗透、相互融合的关系，并提出了"齐物论"，主张万事万物的平等。人类应该完全尊重和顺应自然，"无以人灭天，无以故灭命"❹，人不是天的主宰者，反之，人在天命和自然规律面前是微不足道的，人应该克制自我欲望，不以人的主观性去毁坏自然的客观存在。

随着工业化程度的提升和科技的迅速发展，人类与自然的关系面临着严峻的挑战。在某种程度上，人类过度强调人类自身的利益和需求，而忽视了对自然的尊重和保护，由此导致的生态平衡的破坏和环境污染给人类社会的可持续发展带来了威胁。如果我们不及时采取措施加以改善，人与

---

❶ 道德经 [M]. 黄朴民，导读、注译. 长沙：岳麓书社，2022：144.

❷ 道德经 [M]. 黄朴民，导读、注译. 长沙：岳麓书社，2022：86.

❸ 庄子 [M]. 萧无陂，导读、注译. 长沙：岳麓书社，2018：35.

❹ 庄子 [M]. 萧无陂，导读、注译. 长沙：岳麓书社，2018：210.

自然的关系将进一步恶化，自然可能会对人类的行为作出报复性回应。"天人合一"作为中国古代哲学中的重要观念之一，主张人与自然是整体和部分的关系，二者不可分割。这种观念承认人类和自然世界具有共同的本源，强调人类要尊重自然规律，与自然和谐相处，在这种理念下，人类与自然共同演化、共同存在。从传统文化在当代的发展与建构意义来审视和观照古代"天人合一"理念，对人的生存及人与自然关系的构建提供了生态智慧参考。良好健康的生态环境是人类赖以生存的重要前提，以"天人合一"理念涵育时代新人使其形成正确的生态意识和生态观念，是建设美丽中国的内在要求，有利于避免生态危机的扩大化，保护世界人类生活的共同家园。要以"天人合一"理念为指导，涵育时代新人形成顺应自然、尊重自然和保护自然的正确的生态价值观；通过各种途径的宣传与传播，为时代新人普及生态理论知识，鼓励他们选择健康绿色的生活方式。只有当人类意识到健康的生态环境对个人自身发展的重要性时，才能真正从内心认同、保护和改善生态环境的质量，从而主动参与到生态治理的实践活动中去。同时，还要涵育时代新人形成敬畏生命、尊重生命、平等对待生命、关爱自然万物的价值观，不随意践踏和剥夺任何生命，不伤害世间万物是生态伦理之底线，"只有当人认为所有生命，包括人的生命和一切生物的生命都是神圣的时候，他才是伦理的"，"只有体验到对一切生命负有无限责任的伦理才有思想根据"❶。在面对自然界的伟大和复杂时，我们应该克制自己的欲望和主观性，放下人类的傲慢和偏见，融入自然之中，感受大自然的魅力和力量，自觉履行人对自然的道德义务和责任。只有这样，我们才能真正实现与自然的和谐共生，让人类文明与自然环境相互促进、共同发展。

---

❶ 阿尔贝特·施韦泽. 敬畏生命 [M]. 2 版. 陈泽环，译. 上海：上海社会科学院出版社，2003：9.

四、以"家国情怀"为核心的爱国主义思想涵育个人与国家的关系

"家国情怀"是一种深植于中国传统文化中的价值观和情感认同，它强调的是个体对于家庭、家乡、民族和国家的热爱、关心及责任感与使命感，表征为中华儿女对民族、国家的依赖感、认同感和归属感。这种情怀是在长期的政治、经济和文化生活中逐渐形成的，既是一种情感上的自觉认同，也是一种理智上的价值观念。这种对家国的特殊情感锤炼了中华儿女爱家爱国、坚忍不拔、自强不息等优秀文化品格，在中国传统文化历史上占据举足轻重的地位，是具有广泛影响力的思想文化内核。这种基于血缘、地缘政治而衍生的价值观和情感认同在中华民族历史上起到了重要的推动作用。中华民族之所以能够在多次灾难面前浴火重生、屹立不倒，之所以能够在面对外敌入侵时众志成城、团结一致，之所以能够历经磨难而更加自立自强，与中国传统社会中形成的"家国情怀"息息相关，可以说是两千多年来中华儿女爱国主义情怀的具体体现。"家国情怀"既是一种个体对家庭、民族和国家的热爱与认同的稳定心理特征，也是中华优秀传统文化中关于中国人的爱国主义思想的特殊话语表达，更是一种"修身、齐家、治国、平天下"的人生态度和理想价值追求。在"家国情怀"的熏陶和滋养下，中华民族逐渐形成了具有强烈社会责任感与使命感的文化传统，还影响了中华儿女的爱国情怀和报国行动等，"家国情怀"是中华民族与中华儿女的重要精神财富和文化传承。

"家国情怀"的产生不是偶然的，而是有着深厚的传统文化基础和历史渊源，古代中国的家国同构社会组织形式是"家国情怀"孕育而生的政治土壤。在古代中国，家是依血缘或婚姻关系而组成的最小社会单位，家庭是人们生产生活的首要场所，家庭作为基本单位，被视为社会的基石，为

各个家族的延续和承继起到了重要的助推作用。古代家国同构的组织形式在西周实行宗法分封制后得到进一步的强化，"'家'在中国古代是按照宗法制度划分出来的一个个权力、地位、等级不同的单位，它们依循分封制、嫡长继承制、宗庙祭祀制度来运行"❶。宗法分封制以血缘关系为基础，强调以血亲关系的远近亲疏为标准，以确定各诸侯的封地，"封建诸侯，各世其位，欲使亲民如子，爱国如家"❷。各方诸侯的职位世代相传，要使诸侯像爱自己的子女一样爱封地和人民，像爱自己的家庭一样去爱这个国家，家国一体的模式已开始崭露头角。这就将家族的秩序与国家的秩序相融合，通过分封诸侯来加强中央与地方的联系和统治。因而，家是最小国，国是由万千个家庭所构成的，家与国不可分离，生生相依。正如孟子所言："天下之本在国，国之本在家，家之本在身。"❸家是国之根本，国是天下之根本，赋予天下、国、家三者紧密相连的历史意义，建构了家国一体的历史事实。

"家国情怀"是以爱国主义为核心的民族精神的源头所在。在中国传统社会中，人们对土地及小农生产的自然经济的依恋使家与国的关系处于"锁定状态"——以家庭为核心辐射到国家的家国同构的逻辑，并形成了一套完整、稳定的家国情怀的意识形态体系。这是血亲关系应用于地缘政治权力上的表现，也是家族组织形式和家族治理模式应用于国家层面的反映。这种关系不仅使古代社会形成了家国同构的社会政治模式，而且在这种社会模式的巨大影响之下，进一步使人们形成了以家国情怀为核心的爱国主义的价值观念。这种基于地缘而建的国家与民族之本质是以亲情血脉为基

❶ 徐国亮，刘松．三层四维：家国情怀的文化结构探析［J］．四川大学学报（哲学社会科学版），2018（6）：125-133.

❷ 荀悦，袁宏．两汉纪上·汉纪·孝惠皇帝纪（卷五）［M］．张烈，点校．北京：中华书局，2002：72.

❸ 孟子［M］．杨伯峻，杨逢彬，导读、注译．长沙：岳麓书社，2021：108.

础的，在很长一段时期内维系着中国古代封建社会的政治稳定，"国家的道德、政治、文化、经济等均倡导家本位，其根源在于在家国同构的治理模式下国家的收益是'持续递增'或者稳定的，统治者能够获得国家的长治久安"❶。家国同构模式下衍生和建立了拟血缘的君臣关系，子在家尊父、臣在外尊君是家庭与国家组织结构共通性的特殊体现，将君臣比拟为父子，那么君臣就如父子关系一般被视为一种无法逆转、无法反抗的关系，由此催生了古代中国"忠孝一体"的伦理范畴。在古代宗族观念与君主统治观念的笼罩下，百姓自然而然将君主视为国家的象征，他们对国家、民族之热爱就通过忠于君主的方式表达出来，本质上是将"君"当作国家的代表，实际上"忠"的背后隐藏的是深厚的爱国主义观念。故而，家国同构的思想理念将个人对家庭和乡土的眷恋之情转移及延伸至个人对国家的热爱与认同，为人们塑造一种深切的家国情怀提供了政治基础。这种家国情怀使古往今来无数中华儿女为祖国敢于赴汤蹈火、前赴后继，愿意为国家的繁荣和发展贡献自己的力量，成为凝聚中国人爱国主义共识的优秀文化基因，同时也为中华民族的统一和稳定提供了最强有力的精神支撑。

"家国情怀"是爱国主义产生的一种情感体验，是爱国主义思想的表现形式，赋予了爱国主义思想以道德意义。在中华文化中，家庭被视为一个人成长的根基，对家庭的关怀和责任感被视为一种美德，这种美德拓展到对国家的爱与责任上，即认为爱家即爱国，体现为个人对国家的忠诚与责任，寓意个人"爱国"的高尚道德品质，个人要将国家和民族的利益置于个人利益之上，凸显出"家国情怀"的道德属性。以家国同构为原点的"家国情怀"在历史进程中得到积淀与升华，成为中华儿女共同的文化传承、情感认同及社会共识——爱国主义，逐渐形成了中华民族独特的爱国主义文化传统。中国的爱国主义思想经过世代相传，已经成为中华民族的精神

---

❶ 聂飞.家国同构视角下的传统国家治理及影响[J].党政研究，2021（6）：99-106.

家园不可分割的一部分。在漫长的历史进程中，受传统生活方式影响的中国人，在家国情怀的熏陶与浸染下，总是有意识或无意识地践行着爱国主义思想。无数满怀豪情壮志的仁人志士，怀着一颗赤诚之心，以为国家效忠作为自己的远大志向。先辈们的"家国情怀"在社会历史发展中体现得淋漓尽致，尤其是在朝代政权更迭的年代，以实际的报国行动彰显出传统爱国主义的精神本质，建构了独属于中国的具有时代价值的爱国主义思想精髓。

中国历史上从不缺少忠义爱国的文人武将，诸多文人武将或以诗言志，以诗歌创作的形式奏响一曲曲爱国之歌，表达和抒发自己的爱国之情，或以实际的报国行动为国献身，在国家危难之际弃笔从戎，甘愿放弃自己的文学梦想，满怀一腔爱国热血，为保家卫国贡献力量。伟大的爱国诗人屈原在生命最后之际发出"亦余心之所善兮，虽九死其犹未悔"的感慨，将爱国之情化作汩汩江水，灌溉了中华民族的爱国之魂。"了却君王天下事，赢得生前身后名。可怜白发生！"辛弃疾寄情于笔墨，以宣泄自己不能亲自驰骋沙场为国尽忠的无奈与失意，强烈的爱国情感跃然纸上。戴叔伦以景抒情，替无数戍边将士发出"愿得此身长报国，何须生入玉门关"舍生忘死的爱国誓言，表达了将士们为国家而甘愿舍弃生命的牺牲精神和忠诚决心，体现了将士们的高尚情操和坚定信念。陆游临终写下对儿子的期望与教诲，"王师北定中原日，家祭无忘告乃翁"，倾注了诗人满腔的悲慨与不能再为国效忠的遗憾，也饱含着他对收复中原的强大信心。文天祥以"人生自古谁无死，留取丹心照汗青"的决心和原则，不屈不挠，展现了一个真正的爱国者和志士的风范，留下了千古传诵的不朽诗章。岳飞以"待从头，收拾旧山河，朝天阙"的呐喊，体现出要重整旗鼓、重整山河的坚定信念。戚继光的一生以人民和国家利益为重，"繁霜尽是心头血，洒向千峰秋叶丹"表达了他为百姓和国家而不畏艰难险阻、奋勇杀敌的坚定意志与铁血丹心，他为朝廷立下抵御外敌侵略的赫赫战功，以实际行动诠释了为国奉献的责任担当。诗词是古人抒发爱国情感和思想的珍贵载体，承载着中国传统爱国主义的历史记忆。透过这些诗词，我们不仅能够了解当时的文化背景及社会状况，更能感受到古人的拳拳爱国之心、忧国忧民的责任意识、壮志难酬的悲愤之情等，诗词中所体现的家国情怀更是超越了个人的利益诉求，强调家庭和国家利益至上的至高道德追求。这种家国情怀在中华儿女的血脉中流淌，传承了一代代人对中华民族的深情厚谊。这种传承使中国人民对家国之间的联系有着深刻的认知，形成了中华民族共同的情感认同，在新时代体现为以爱国主义为核心的民族精神。

爱国主义是中国传统的价值观念和社会共识之一。在长期的历史演进中，中国人民通过对祖国的热爱和奋斗，形成了一种强大的精神力量。爱国主义所蕴含的价值观念，如忠诚、奉献、担当、正直等，已经深深融入中国社会的各个角落，刻进每个中华儿女的心中，在日常生活中得到了广泛的认同和践行。但时至今日，时代新人的爱国主义教育仍然面临着严峻挑战。在信息爆炸的时代，西方国家通过更为隐蔽的信息化手段对其他国家进行文化扩张和文化渗透，试图将他们的主流意识形态植入其他国家的文化土壤之中，以期对人们的信仰体系和价值观念产生质的影响。这不仅违背了世界文明多样性，更是破坏世界文化生态平衡的错误倾向。这种文化渗透对我国的时代新人的影响更为迅速和深刻，时代新人处于思想活跃、开放的年纪，极易受到多元价值观的冲击和影响，而陷入文化价值观选择的盲目中，甚至出现对本民族文化的自卑心理。这种文化传播的实质是企图削弱时代新人的中华民族共同体意识和对国家的认同，试图冲破时代新人固有的家国情怀的心理底线，阻碍时代新人形成健康、正确的爱国主义观念。新时代继承与发扬爱国主义传统，以"家国情怀"为核心的爱国主义思想为涵育时代新人树立正确的国家观念，以集体主义为基本原则处理个人与国家之间的关系树立了价值范式。以"家国情怀"为核心的爱国主义思想能够涵育时代新人的爱国主义认知，通过对传统爱国主义思想的历史脉络、核心精髓、主要特征、时代价值等基本理论知识的了解和学习，时代新人可以更清楚国家和民族的历史及文化，提升对国家和民族的认同感与归属感。以"家国情怀"为核心的爱国主义思想能够涵育时代新人厚植爱国主义情怀，中国历史上丰富的爱国主义故事是涵育时代新人爱国情怀的主要资源，这些故事以真实性和生动性展现了众多具有家国情怀的英雄人物和感人情节，使时代新人在聆听故事的过程中产生身临其境的体验，并沉浸其中，时代新人的爱国热情得以激发，产生了跨越时空的爱国主义情感共鸣。以"家国情怀"为核心的爱国主义思想涵育时代新人坚定爱国主义信念，传统爱国主义思想的价值在于回归对国家的忠诚和关注，并引导他们将国家利益置于个人利益之上，能够帮助时代新人认识到个人命运与国家命运紧密相连，正确处理个人利益与国家利益之间的冲突，这种思想能够激励时代新人主动关心国家的前途命运与维护国家的尊严和利益，形成国家荣誉感和尊严感。以"家国情怀"为核心的爱国主义思想涵育时代新人形成自觉的报国之行，它强调个人的福祉与国家的前途休戚相关，以此激发时代新人的奋斗精神，这种精神是他们披荆斩棘、勇往直前的力量支撑。时代新人通过不断的知识积累和实践历练，提升自己为祖国奉献的能力和素质，积极投身于中华民族伟大复兴的滚滚洪流中，践行中国梦。

五、以"胸怀天下"为核心的责任担当意识涵育个人与世界的关系

坚持"胸怀天下"是中华优秀传统文化中的"天下"观念与时代结合的崭新的话语表达。"天下"是"胸怀天下"情怀形成的逻辑起点，"天下"是中华优秀传统文化中关于全世界和谐秩序构建的核心概念，起源于中国先人对"天圆地方"的宇宙认识，也是对中国传统"天下"观念的空间场域的预设性思考，体现出古代中国人民对于人类社会和世界发展的深邃思

考与价值追求。在中国传统历史语境中，"天下"并非只是一个仅带有自然地理因素的概念，而是在人类社会的发展进步、各民族的融合中逐渐被赋予人文意义。《吕氏春秋》有言："天下非一人之天下，乃天下之天下也。"❶天下并非一人之天下，而是全人类的天下，这就使原本代指空间场域的"天下"具有了人文意蕴。因而，中国传统文化视域下的"'天下观'不在于表述自然空间的客观实在，而在于体现由'空间观念'延伸出来的表征意义"❷，即"天下"所表征的是人与世界关系的文化意义。"天下"观念铸就了中华民族独有的天下情怀，表达了中国人永恒的理想人格追求，是对"天下为公""大同社会"的美好政治志趣的向往和期待，中国人逐渐形成了"胸怀天下"的崇高政治品质。"胸怀天下"是传统"天下"观念与时代语境相结合的产物，更加突出强调全人类的普遍价值和共同利益，超越了国家、民族和宗教的界限，具有广泛的世界意义，凸显出中华民族非凡的气度和顾全大局的意识，是中华民族重要的文化基因和中华儿女文化自信的精神底色。

"天下大同"的理想愿景是中国人形成"胸怀天下"的人格品质的重要基础。《礼记·礼运》有云："大道之行也，天下为公。"❸"大道"是中国古人关于国家治理的最高标准的政治表达，如果全天下均能遵守社会的最高原则、达到最高标准，那么天下就是所有人共有的天下，便能实现"是故，谋闭而不兴，盗窃乱贼而不作，故外户而不闭"❹的"大同社会"，这也是儒家对构建和谐社会关系、美好世界的畅想。中国自古坚持"协和万邦"的价值理念，"克明俊德，以亲九族。九族既睦，平章百姓，百姓昭明，

❶ 姜尚，黄石公. 六韬·三略全鉴 [M]. 东篱子，解译. 北京：中国纺织出版社，2018：5.

❷ 何新华. 试析古代中国的天下观 [J]. 东南亚研究，2006（1）：50-54.

❸ 礼记 [M]. 崔高维，校点. 沈阳：辽宁教育出版社，1997：75.

❹ 礼记 [M]. 崔高维，校点. 沈阳：辽宁教育出版社，1997：75.

协和万邦，黎民于变时雍"❶，强调当朝君主要将血亲家族之间的和睦扩展到全国百姓之间的和平相处，从而实现全天下所有群族之间的和谐共处。这种以血缘亲情为圆心扩展至全天下人民之间的家国情怀正是古人"天下大同"核心价值理念的体现。无论是"协和万邦"还是"天下大同"，所传递的核心理念是以天下人的利益为重，而不是以一己之私为重，它旨在促进人与人之间、国家与国家之间实现平等、和谐、相互理解和尊重。"天下大同"并非中国古人对虚幻世界的乌托邦式的空想，而是对世界秩序、社会关系和人际关系的一种合理构想，也是中国古代的思想家和政治家们的人生哲学智慧。他们试图通过尊重道德原则、提升个人修养、追求仁爱和公平正义等形式来实现社会的和谐与繁荣，在一定程度上影响和塑造了中国人的文化价值观。"天下大同"理想是中国人形成"胸怀天下"的气度和格局的文化来源，它提倡人们的关注点由个体转向全人类共同利益，彰显出中华民族对于和平、和谐的向往与坚持。在"天下大同"的社会理想的浸润和影响下，中国人形成了团结合作、崇尚和平、公平正义、勇于担当、心系天下的精神品格，促进了全人类共同价值观在世界各国之间的传播与实践。

中国人以"胸怀天下"为核心的责任担当意识来源于中华优秀传统文化深处的忧患意识。忧患意识始终贯穿于中华民族的历史进程中，正如钱穆所讲，"我中华民族五千年来的整部历史，乃常是一部居安思危、履险若易的历史。惟其能居安而思危，所以能履险而若易"❷，从而形成了中国人传统的"忧国忧民"的伦理性道义，"以天下为己任"的责任意识已经深深融进每一个中华儿女的血液之中。前有孟子所讲的"穷则独善其身，达则兼济天下"，强调困境时注重提升个人修养，顺境时要发挥自己的才能，以实现所有人的共同福祉为己任；后有范仲淹的"先天下之忧而忧，后天

---

❶ 尚书 [M]. 徐奇堂，译注. 广州：广州出版社，2001：1.

❷ 钱穆. 中国历史精神 [M]. 北京：九州出版社，2016：193.

下之乐而乐"的精神品质，体现出对国家与人民的关怀和开阔的胸怀；再有顾炎武的"天下兴亡，匹夫有责"，强调个人应对国家前途命运怀有使命感和责任感。"以天下为己任"的精神品质始终如影随形，中国人开始追求个体在宇宙中的本质和位置，秉承着"天下胸怀"，凸显出中华儿女的道德能力和道德责任。"忧患意识与人文精神的觉醒，并没有让中国人更加匍匐与拜倒于宗教神权的权威之下，而是挺立其人的道德主体性，以'人能弘道'的主体责任去承担成己成物的使命，尽心知性知天，把人的潜能充分发挥以臻于至善。"❶

"胸怀天下"是中华民族历史发展的经验总结，是中国人民崇高社会理想的体现，新时代要延续和发展"以天下为己任"的伦理道义，坚持以"胸怀天下"的责任担当意识涵育时代新人。第一，以"胸怀天下"的情怀涵育时代新人具备宽阔的视野和宽广的胸怀。"胸怀天下"强调时代新人不要囿于狭隘的个人视野，而要站在全人类的角度，放眼世界，将个人利益与国家利益、将本国利益与全球利益相结合，主动关注国际社会走向与全人类共同发展，以全球意识和国际视野积极参与国际交流与活动。大时代呼唤大格局，个人要以更全面的视角和更卓越的远见思考与应对问题，以更加开放、包容的心态来推动世界和平与发展。第二，以"胸怀天下"情怀涵育时代新人具有担当精神和责任感。时代新人是担当民族复兴大任的主体，通过将"天下为公""胸怀天下"的家国情怀植入时代新人的内心，他们才能深知个人对于实现中华民族复兴大任所担负的重大责任，激发个人为国家和世界未来发展而奋斗的动力与激情，并勇于承担使命，从而以强烈的使命感和责任感全身心地投入国家和社会的发展中去。

---

❶ 于铭松，等. 文化自信：中华文明的当代价值和世界意义 [M]. 北京：人民出版社，2021：158.

第五章

中华优秀传统文化涵育时代新人的实践之维

　　文化存在是人的存在方式之一，文化与人相生相伴，无时无刻不在影响和制约着人与社会的发展。德国哲学家伽达默尔曾说过："不管我们是想以革命的方式反对传统还是保留传统，传统仍被视为自由的自我规定的抽象对立面，因为它的有效性不需要任何合理的根据，而是理所当然地制约我们的。"❶作为中国文化传统的中华优秀传统文化精髓，不管我们是否承认，它都以某种形式合理客观地存在于人的生产生活之中，并对中国人的气质、性格、素质和精神形成了广泛而深刻的影响，使中华民族在其他民族那里有极高的辨识度。但无论是文化传统还是传统文化，都不可能自身完成再生、延续、发展和创新的过程，而要依靠作为主体的人的力量。人根据自我和时代发展的需要，继承、选择、调整、建构和创新了传统文化，才赋予传统文化生生不息的生命力。中华优秀传统文化与时代新人之间是相互作用、相互影响、相互成就的关系。以中华优秀传统文化涵育时代新人的实践进路体现出双重意蕴，在坚持基本原则的前提下，以家庭、学校和社会的协同育人为抓手，一方面"兴文化"，以中华优秀传统文化涵育时代新人的过程是中华优秀传统文化彰显时代价值的过程，要通过人的外在因素实现中华优秀传统文化在当代的创造性转化与创新性发展，使中华优秀传统文化在新时代充分发挥出其立德树人的价值；另一方面"育新人"，以中华优秀传统文化为宝贵资源和丰富素材对时代新人进行中华优秀传统

---

　　❶ 伽达默尔. 诠释学 I: 真理与方法 ［M］. 洪汉鼎，译. 北京：商务印书馆，2010：398.

文化教育，使其潜在地影响和作用于时代新人的成长成才过程，增强时代新人的国家认同和文化自信，牢记文化使命，进一步将中华优秀传统文化发扬光大。"兴文化"与"育新人"通过人这个中介使传统文化和时代新人相连接，形成一个循环往复的文化创新和培育新人的过程。这个过程既保持了优秀传统文化的鲜活性，使其实现代代传承，也能为国家和社会培养和输送更多的文化人才。

第一节　方向引领：中华优秀传统文化涵育时代新人的基本原则

树立科学的原则是使中华优秀传统文化涵育时代新人顺利进行的基础和前提，即在这一过程中应该遵循和依据怎样的准则，力图使中华优秀传统文化涵育时代新人符合时代的要求，达成一定的培育目标。在实事求是的前提下，本书认为应该遵循守正创新、开放包容和系统性的基本原则，推动中华优秀传统文化的发展创新，助力培育能够担当民族复兴大任的全面发展的时代新人。

一、守正创新

坚持守正创新是以中华优秀传统文化涵育时代新人的内在要求，旨在强调在恪守传统与遵循客观规律的前提下，对传统文化进行传承与革新，赋予其崭新的内涵，丰富其内容与形式，从而使其更加符合当代人的需求和时代发展的要求，成为涵育时代新人的优秀资源。守正与创新是辩证统一的关系，守正是创新的前提和基础，创新是守正的要求和目标，守正与创新并举提供了中华优秀传统文化在新时代创新发展的新范式。只有客观理性地对待守正与创新的辩证关系，才能使中华优秀传统文化在新时代大放异彩。中华优秀传统文化是在古代中国社会的土壤中孕育而生的，与传统社会有着深厚的历史渊源，是一种历史性的存在，决定了我们必须坚持与继承传统。为了保持文化自身的魅力和生命力，也为了更好地适应社会的进步与发展，需要进行不断革新，才能始终在世界文化丛林中独树一帜、独领风骚，这正是中华优秀传统文化守正创新的意义所在。

以中华优秀传统文化涵育时代新人，坚持守正，就是坚守正道，"道"即规律和原则。一方面，要守方向之"正"。只有坚持正确的方向，传统文化才不会迷失在浩瀚的文化宇宙之中。新时代是我国当今发展新的历史方位，中华优秀传统文化要以新时代的社会发展和国家发展为引领，顺应时代潮流，以"立德树人"为时代使命，以满足时代新人的最新需要为价值指向，本义为尊重先人的智慧与经验，保持中华优秀传统文化的纯粹性和稳定性，实现中华优秀传统文化的连续性和发展性。另一方面，要守规律之"正"。以中华优秀传统文化涵育时代新人作为一种扎根中国本土的实践活动，必须遵循中国特色社会主义文化的发展规律，立足当代中国的实际，坚持实事求是的原则，将传统文化与当代中国的实践相结合。以中华优秀传统文化涵育时代新人作为一种教育实践活动，必须遵循育人规律，关注时代新人的成长特点和需求，尊重个体成长差异，以更加多样化的教育内容与形式面向不同的时代新人，加强时代新人的个性化教育。

以中华优秀传统文化涵育时代新人，坚持创新，就是革故鼎新，面对中国传统文化，不是全盘照收，而是在坚持扬弃的基础上更新其内容、丰富其内涵、改变其形式等。中国传统文化已经在长久的历史发展过程中融入中华儿女的血液之中，极大地影响了中国人的性格和气质，成为中国人不可分割的一部分。因而，传承与弘扬传统文化成为理所应当之事，这也难免会使传统文化的创新遭受重重阻力。有学者将传统文化比喻为人的骨肉，渗透进每一个国民的心灵深处，"批判、屏弃糟粕就更其不易，因为人们已经习惯成自然，不愿受剜肉割疮之苦"❶。传统文化已经深深影响到人们的价值取向和行为方式，其产生的文化因袭力量不可估量，因而传统文化的创新要从改变人们的思想观念入手。坚持创新原则，一方面要重新审视中国传统文化的内容，分辨出文化中的精华与糟粕，保留那些对社会发展有促进意义的内容，剔除那些不符合时代发展和人的需要，甚至对社会发展起阻碍作用的文化内容；另一方面要进行改造和创新，即使是那些仍具时代价值的传统文化，也不能生搬硬套，照搬传统文化容易使传统文化失去魅力与活力，时代的变迁决定了我们要对其进行改造和再生产，通过对传统文化元素进行现代化的改编和演绎，赋予传统文化以新内涵和新阐释，创造出符合现代人审美和文化需求的文化产品，实现中华优秀传统文化的理论创新、话语创新、内容创新、实践创新等，使其在中国式现代化进程中彰显最大价值。

二、开放包容

开放包容是以中华优秀传统文化涵育时代新人的必然要求。中华民族的多元化和中华文化的多样性特征昭示了中国人开放包容的胸襟，且受到传统"天下为公"思想的影响，中华民族对文化的态度表现为兼收并蓄的包容性和开放性。因而，开放包容是中华民族由内而外散发的文化特质之一。没有开放包容的心态，就不会构成世界文化的多样缤纷，只有坚持开放包容的态度，才能维持世界文化共生共存的生态平衡，各民族文化才能和谐共处，为世界各国人民构建良好的文化交流平台，创造良好的文化互鉴的氛围。对于中华优秀传统文化在当代的发展来说，坚持开放包容的态

---

❶ 秦弓. 中国人的德行［M］. 北京：文津出版社，2013：9.

度能够促进中华优秀传统文化与世界其他文化之间的交流对话，中华优秀传统文化能够吸收、借鉴其他民族文化的优秀成果，融入自我文化的更新转化之中，获得新的灵感与思想。对于时代新人来说，坚持开放包容的态度能够涵育他们的宽阔视野和宽广的胸怀，培养他们的跨文化交流能力，成为适应全球化潮流的国际公民。

包容是一种气度，彰显中华儿女"天下一家"的胸襟与情怀。包容是保持民族文化生命力和活力的重要特质，也是促进文化交流、实现文明互鉴的动力。文化不存在高低优劣之分，这已成为世界各国之间的价值共识。世界各国、各民族由于历史、地理、自然等多种因素形成了各具特色的传统文化和文化传统，共同构成了世界文化的多样性，都为世界文明的进步作出了贡献。以中华优秀传统文化涵育时代新人，要以中华文化历史上的文化大融合为优势，使时代新人认识与明确中华文化固有的包容度，涵育他们对世界其他文化的包容心态，尊重并理解各个国家的文化传统，做到不排斥、不抵触，消除文化偏见，以平等的态度进行文化交流。开放是一种理念，彰显中华民族生存发展的适应能力。自从实行改革开放的政策，我国的发展取得了令人瞩目的巨大成就，只有坚持实行和不断扩大对外开放，才不会被拒之于世界发展潮流之外。开放之于国家社会的发展如此，开放性之于文化的进步与创新也是如此。在开放性原则的指导下，中华优秀传统文化要实施"走出去"的文化战略，让世界重新认识和了解中华文化，消除他们对中华文化的疑虑和误解，以独特的魅力赢得全世界的关注、喜爱和尊重，在这一过程中以培养面向世界、面向未来的时代新人为文化创新的使命。

以中华优秀传统文化涵育时代新人，以开放包容的心态对待其他文化，坚持兼收并蓄的文化理念，以谦虚的态度向世界各国学习先进的经验，汲取其他文化的精华，彰显中华文化的容纳度，丰富中华文化的内容。坚持和而不同的文化理念，中华民族"以和为贵"的文化传统，并非以中华文化同化其他文化，也不是抹杀其他文化的独特性，更不是以中国文化为核心的文化霸权主义，而是强调尊重和包容一切文化的不同之处，世界文化之间和谐共生、合作共赢、各美其美、美美与共。在以中华优秀传统文化涵育时代新人的过程中，要使时代新人对开放包容的原则形成正确的认知，开放包容是以坚守中华文化的根本立场为底线的，对于诬蔑和贬低中华优秀传统文化的言论与行为不能容忍。特别要警惕不健康的文化思想与错误的文化倾向对时代新人的污染和侵蚀，主动认清与揭发他们制造不实言论的本质和阴谋，这些不实言论常常带有欺骗性和误导性，如不及时进行引导，易造成文化自卑心理，陷入自我怀疑的文化怪圈之中。因而，在坚持开放包容的基础上，要激发中华优秀传统文化的自御能力，时代新人也要具备保护和维护中华优秀传统文化的基本素质，这是中华优秀传统文化与时代新人的责任和义务的双重体现。

三、系统性原则

坚持系统性原则是中华优秀传统文化涵育时代新人得以顺利进行的重要保证。系统性原则是指中华优秀传统文化涵育时代新人无论是作为一种实践活动，还是作为一种教育方式，我们都要把它看作一个全面、整体、有序、连续的具体系统来对待，且系统内各要素之间相互联系、相互协调并相互发生作用，才能保证中华优秀传统文化发挥最大价值，取得涵育的最佳效果。中华优秀传统文化与时代新人作为两个独立的课题，形成的历史时代不同、文化背景相异，存在时间差与空间差，但为了克服"其空间割裂使我们不见整体，时间割裂使我们不见连续"❶的弊端，必须将中华优秀传统文化涵育时代新人作为一整套系统来看，重视系统内部各要素之

---

❶ 易小明. 论系统思维方法的一般原则［J］. 齐鲁学刊，2015（4）：57-63.

间的关系。中华优秀传统文化与时代新人有着紧密的逻辑关系,中华优秀传统文化为时代新人的成长成才提供优渥的文化土壤,而时代新人是传承、弘扬中华优秀传统文化的主力军,两者共同统一于中华民族伟大复兴的实践中。要以系统思维审视中华优秀传统文化涵育时代新人的实践,要使中华优秀传统文化在这个系统的具体运行中充分发挥文化育人的功能,也要使时代新人充分发挥主体性作用,担负起文化复兴的使命。

遵循系统性原则,要求我们以全面发展的眼光看待中华优秀传统文化涵育时代新人的过程,把握这一过程中各要素之间的全面性、协调性和连续性。第一,坚持全面性。一是重视中华优秀传统文化内容的全面性,中国传统文化是涵盖多领域、多层次的文化系统,内容丰富多元,我们强调传统伦理道德文化的主体地位,但并不否认其他文明成果,要在涵育过程中全面挖掘传统文化的精髓。二是以提升时代新人的全面素质和综合能力为目标,以中华优秀传统文化涵育时代新人不仅要提升他们的知识水平、丰富其知识储备,还要注重提升他们的道德素质、心理素质和身体素质等,关注他们的交往能力、思维能力和实践能力等综合能力的加强。第二,坚持协调性。中华优秀传统文化与时代新人的结合不是平铺直叙的叠加,也不是简单的拼盘堆砌,而是推动各要素有序排列、相互作用的过程,从而实现文化协同育人的平衡。在这一过程中,面临着中国传统文化与现代文化的矛盾、理论与实践之间的矛盾、现实与虚拟之间的矛盾等,需要寻求它们之间的耦合与契合点,打破传统与现代、理论与实践、虚拟与现实之间的隔阂,实现融合渗透。在时代新人的培育过程中,还需要保持与协调教育主客体之间的和谐,教育目标与方法之间的适配,教育系统与教育环境、教育需求与教育供给之间的平衡等,以实现各要素的良性互动与配合,从而完善教育结构,提升文化育人的质量。第三,把握连续性。以中华优秀传统文化涵育时代新人是一个长期的、持久性的实践活动,文化对人的影响不是一蹴而就的,而要经过长期的发酵与沉淀才能对人产生深远的、刻骨铭心的作用，进而稳定地存在于人的思想方式和行为方式中。为了保持连续性，文化育人尽量不要发生中断，应在培育过程中制订长远的战略计划与目标，时代新人的年龄跨度较大，必须确保教育内容在不同阶段和不同对象之间的连贯性与一致性，使他们在不同的教育阶段接受全面而系统的中华优秀传统文化教育，避免中华优秀传统文化在任何教学阶段出现缺失与断裂。

第二节　多管齐下：打造家校社协同
互动的文化育人生态圈

以中华优秀传统文化涵育时代新人可以被视为一个社会大环境中的生态系统，家庭、学校、社会是构成育人生态环境的重要因素，任何一个要素都将对育人效果产生直接或间接的影响。在中华优秀传统文化涵育时代新人这一育人生态运行中，必须统筹家庭、学校、社会三方的力量，明确三者各自的育人责任与分工，以合力奏响协同育人的交响曲，勾勒出育人生态的美好前景。

一、家校社协同育人的重要意义

以中华优秀传统文化涵育时代新人不是独立于大环境之外的系统，而是在大环境中运行并受其影响与制约。良好、健康的育人生态环境才能为系统运行提供有利的条件，需要家庭、学校与社会的共同参与，为中华优秀传统文化的发展与时代新人的成长营造良好的氛围，以达成中华优秀传统文化涵育时代新人的最优效果。

一方面，实现家校社协同育人有利于打破传统意义上的育人模式，不再囿于传统育人框架的束缚，为树立正确的育人理念提供参考价值。传统育人模式是以学校为中心，过分强调了学校的育人责任及地位，当然这种育人模式是基于学校育人的专业化与制度化水平的考量而定，但长此以往，容易导致学校"孤身"唱"独角戏"。仅仅依靠学校在育人过程中的"单打独斗"，并不能完全担负起育人的责任；并且家庭与社会在文化育人的过程中逐渐被边缘化，不可避免会推卸与忽略自身所承担的责任，造成家庭、学校、社会之间的断裂，生态系统会发生失衡的现象。强化家校社三者的联动，将进一步突出家庭与社会的责任和角色，引导家庭主体、社会主体改变和更新思想，认识到家庭与社会是文化育人不可或缺的一部分，积极参与到文化育人中，树立家校社三者良性互动的科学理念。

另一方面，家校社协同育人模式有利于构建良好的育人生态，提升教育质量，强化教育效果。协同育人强调家庭、学校与社会三者相互合作，共同参与和治理生态系统，以保证其健康运行与合理的循环，这不仅是一种新的育人模式，更是一种新的育人生态。社会生态系统理论强调，"看问题不应仅限于其中的某一个系统而忽视了其他系统的影响，而要注意各种生态系统及其要素之间的相互影响"❶。家校社三者协同联动的意义在于将家庭、学校和社会三个生态系统视为一个相互依赖、相互作用的整体，家庭、学校、社会在文化育人中拥有各自的智慧与优势，能够实现优势互补、良性互动。在这种模式下，能够实现资源共享、信息互通有无，家庭能够为学校与社会进行传统文化教育提供丰富的家庭资源和经验，学校能够为家庭与社会提供专业的中华优秀传统文化知识和信息，社会能够为家庭与学校提供广阔的中华优秀传统文化育人实践场所，育人资源得到重新分配与整合，促进了资源的优化与利用。因而，家校社协同育人模式重新

---

❶ 师海玲，范燕宁. 社会生态系统理论阐释下的人类行为与社会环境——2004 年查尔斯·扎斯特罗关于人类行为与社会环境的新探讨 [J]. 首都师范大学学报（社会科学版），2005（4）：94-97.

定义了家庭、学校与社会在文化育人中的作用和意义，重构了家校社"连体"的意义，壮大了文化育人的队伍与力量。家校社三者的默契配合与有效联动，有利于推动家庭、学校与社会在育人目标、育人内容、育人方式、育人保障等方面达成共识、同心协力，实现相互之间的理解与信任，打开协同育人的新局面，从而有效提升文化育人效率，共筑文化育人之梦。

二、发挥家校社在中华优秀传统文化涵育时代新人中的合力作用

由于长期受到传统理念的影响，部分家庭与社会教育的主体可能认为，中华优秀传统文化的涵养和培育与自己无关，而是学校主体的义务。这不仅导致学校在文化育人层面上不堪重负，而且极易造成学校与家庭、社会之间的矛盾与误解，三者之间的隔阂也愈加严重，解决问题的困难进一步加重。以中华优秀传统文化涵育时代新人需要家校社三方的共同努力与配合，为真正改善育人的困境，只有建立家校社在中华优秀传统文化涵育时代新人上的合作意识，凝聚三者主体的涵育共识，才能确保文化育人活动的有效运作与开展，这是构建家校社协同育人机制的基础与前提。

第一，明确并设置家庭、学校与社会文化育人的共同目标，建立互惠互赢的伙伴关系。长久以来，家庭、学校和社会在涵育时代新人方面对中华优秀传统文化的关注与重视不足，很重要的原因在于家校社三者目标不一致，以追求各自利益为目的的合作经不起时间与实践的双重检验。家长往往将孩子的学科成绩优劣确定为培养目标，社会诸多培训机构往往追求培训中所收获的经济效益与品牌效益，而学校往往更多地将培育目标放在追逐升学率、考研率及就业率上。三者都在不同程度上忽视了中华优秀传统文化带给时代新人的生存智慧与价值观功能，利益最大化主导了家校社合作的倾向，也暴露了家校社合作的弊端。在现实的家校社合作中，三者都"难以抛开'利益'的考量而去做关乎学业之外的其他'有价值'的行

动"❶。目标的差异造成了家校社合作的虚伪性，这种"唯成绩论"或"唯金钱论"的培养目标不仅忽略了中华优秀传统文化的时代价值与时代新人的精神需求，而且阻碍了时代新人美好精神家园的构建。故而，在中华优秀传统文化涵育时代新人的过程中，目标决定方向，实行家校社合作必须明确并设置共同的涵育目标。首先，向家庭、学校与社会主体普及中华优秀传统文化涵育时代新人的价值意蕴，使他们主动认识到中华优秀传统文化与时代新人的成长密切相连。其次，家庭、学校与社会均要关注和了解时代新人内心的精神需求，包括对中华优秀传统文化的学习需求、认知需求、情感需求等，他们渴望得到优秀传统文化的滋养。最后，家庭、学校与社会通力合作、达成一致，共同制定促进时代新人全面发展的涵育目标，如提升思想道德素质、树立正确的价值观、培养文化自信、培育文化传承意识与能力等，共同致力于培养有文化、有道德、有思想、有能力的时代新人。

第二，扩大家庭、学校与社会之间的沟通，建立相互信任的朋友关系。中华优秀传统文化涵育时代新人作为一个系统，其有序运行离不开学校、家庭与社会任一要素的参与。为了实现步调一致，达到家校社协同育人的期望值，扩大沟通、建立彼此间的信任是有效合作的基础与前提。在中华优秀传统文化涵育时代新人的过程中，家校社没有进行有效合作的大部分原因来自缺乏沟通，阻碍了信任关系的建立。现实中，家庭、学校及社会之间不能进行及时的信息交流，更没有建立有效的沟通机制和沟通渠道等情况时有发生，如某些家长以工作繁忙为由拒绝与教师交流，社区等以场所占用为由拒绝向学校提供文化活动场地等。当然，也存在沟通不到位、不畅通的现象，如有研究表明，"家长对教师提出过于苛刻的要求而教师精力有限，家长只关注自己的孩子而教师需要关心全班孩子，家长与教师处于

---

❶ 柴江. 家校合作的本质属性、困境根源与破解思路［J］. 南京师大学报（社会科学版），2021（3）：62-72.

不同的文化、社会经济背景之中,是造成双方不能很好沟通的重要原因"❶。因而,在中华优秀传统文化涵育时代新人过程中,要加深家校社之间的沟通,建立有效的沟通机制,提供多元化的沟通平台。如学校利用专业优势制订详细的沟通计划,确定沟通的内容、形式及频率;社会利用资源优势为家校社的沟通提供沟通场所与平台;家长利用亲情优势积极向学校反馈自己的孩子在中华优秀传统文化认知与实践上的表现,以及思想品德、道德素质层面的问题,以使学校能够确定进一步的培养计划与目标。家庭、学校与社会之间要建立平等友好的联系,各方秉承相互尊重与理解的态度,主动倾听对方的需求、建议与关切,为对方保留足够的表达时间与空间,分享中华优秀传统文化培育时代新人的经验,做到不互相欺骗、隐瞒真实情况,坦诚相待,这是建立相互信任的基础。在此基础上,才能实现家庭、学校与社会之间信息畅通无阻,实现家庭、学校、社会资源的循环及高效利用。

三、明晰家校社在中华优秀传统文化涵育时代新人中的责任

强调家校社协同育人、紧密合作,并不意味着埋没与混淆其各自扮演的角色和承担的责任,家校社各自有着对方不可替代的义务与优势。家庭有着天然的亲情血缘优势,家教、家风等都对时代新人的文化素养产生潜在的影响;学校有着专业化、系统化、制度化的优势,能够为中华优秀传统文化涵育时代新人提供专业的指导;而社会有着丰富多样的文化资源与文化场地,会为时代新人的文化实践提供广阔的平台,是影响其文化素质的重要文化场域。家校社在涵育过程中扮演着不同角色,绝不能发生一个要素代替其他要素、承包全部涵育工作的情况。一旦混淆了各自文化育人

---

❶ 彭茜,郭凯. 家庭、学校、社区合作的功能及其运行机制 [J]. 教育评论,2001（4）:28-30.

的职责，将会产生消极的后果：一是极易造成家校社之间纠纷不断、矛盾升级，时代新人的学习、思想或心理出现问题，权限不明确，无法溯源，相互推诿责任，造成家庭、学校与社会的隔阂越来越大，并陷入恶性循环；二是极易造成教育资源与文化资源的浪费，学校应该重视中华优秀传统文化知识传授与能力提升，家庭与社会应该注重中华优秀传统文化对时代新人的行为习惯、思想道德及行为方式的养成教育，如果未能明确各自的涵育职责，将导致家庭、学校与社会所提供的文化资源和教育资源重叠，所投入的人力、物力与财力不能得到充分利用，从而造成资源浪费。

中华优秀传统文化涵育时代新人是一个长期、持久、连续的过程，学校、家庭与社会的合作分工构成了中华优秀传统文化涵育时代新人的完美一环，学校、家庭与社会在涵育过程中起到不同的作用，应该做到各司其职、各尽其责。

首先，家庭是中华优秀传统文化涵育时代新人的起点，在涵育过程中起到基础性作用。家庭是时代新人接触中华优秀传统文化魅力的第一场所，承担着时代新人养成良好的生活习性、个性、思想道德及价值观的职责，开启时代新人体验传统文化的先河。如果家庭有良好的文化氛围，时代新人会不自觉地接受与认同传统文化。家长作为孩子的第一责任人，是中华优秀传统文化的最早教育者，家庭成员的文化素质与文化能力将直接影响到时代新人的传统文化素质。身教大于言传，榜样示范的引导永远比毫无底线的溺爱有效，家长要以自己对中华优秀传统文化的深厚感情感染时代新人。

其次，学校是中华优秀传统文化涵育时代新人的主阵地，在涵育过程中起到主导性作用。苏霍姆林斯基强调，没有家庭教育的学校教育和没有学校教育的家庭教育，都不可能完成培养人这一极其细致而复杂的任务。学校以专业化的施教场所、强大的师资支撑、严格的纪律性约束、系统的育人目标、正规的育人模式、浓厚的传统文化氛围等为涵育时代新人积累了丰厚的中华优秀传统文化底蕴。学校承担着传递准确的传统文化信息和专业的传统文化知识、培养时代新人运用传统文化的能力、培养德才兼备的全面发展的人才的教学责任，能够帮助时代新人建构起正确、科学的中华优秀传统文化认知，塑造他们的道德人格与培育正确的价值观。但正是由于学校在中华优秀传统文化涵育过程中占据较大比重与权力，也要防止权力向学校与社会的僭越。

最后，社会是中华优秀传统文化涵育时代新人的延伸，在涵育过程中起到补充性作用。时代新人总是生活在一定的社会大环境中，并受到一定的影响与制约。每个人在接受学校教育之后都要回归并奉献社会，接受社会评价，其中各种社会资源和社会力量都对时代新人产生深入持久的文化影响。社会承担着为中华优秀传统文化涵育时代新人提供丰富的教育资源和文化资源的职责，如各种传统文化遗产、历史遗址等；社会也承担着提供中华优秀传统文化活动的实践场所的职责，如图书馆、文化馆与博物馆等；社会还承担着组织保障中华优秀传统文化活动顺利进行的职责，如传统文化习俗的宣传与普及、传统节日活动的制定与实施、传统工艺的传授、传统文艺表演的展示、传统技艺的观摩与体验等。时代新人的传统文化素养和能力将接受时代与社会实践的检验，并得到发展。社会为时代新人提供就业机会和发展平台，时代新人在接受传统文化教育基础上形成的个人修养、社会责任感和公民意识将会在公共场所和各种公益活动中接受社会评价、得到社会检验，中华优秀传统文化所彰显的思维方式在职场及社会实践中得到运用。同时，在这一过程中，为适应时代与社会需求，时代新人能够发现、反思自身的文化素质与他人的差距，从而不断提升并完善自己的文化能力。因而，社会教育对时代新人的影响广泛而持久，为时代新人学习中华优秀传统文化提供了丰富的资源、广阔的空间和实践机会，为建设中华优秀传统文化的终身学习型社会奠定了基础、提供了保障。

第三节　兴文化：传承与弘扬中华优秀传统文化

文化育人总是以文化的繁荣和强盛为前提，如果一个国家、民族的文化缺乏强大的说服力与影响力，便失去了文化育人的功能和价值。文化的兴盛能够增强国家软实力，优秀的文化具有涵养与培育人的功能，能够凝聚起全体人民的价值共识，实现文化自信，助力文化建设。中华优秀传统文化涵育时代新人首先要保证中华优秀传统文化的标准与质量，才能为时代新人提供高品质的传统文化，满足时代新人的精神需求。"中华文明延续着我们国家和民族的精神血脉，既需要薪火相传、代代守护，也需要与时俱进、推陈出新。要加强对中华优秀传统文化的挖掘和阐发，使中华民族最基本的文化基因与当代文化相适应、与现代社会相协调，把跨越时空、超越国界、富有永恒魅力、具有当代价值的文化精神弘扬起来。"❶中华优秀传统文化能延续至今，并不是通过机械地复制、存留传递给后人，而是在逐渐适应时代发展与社会变革的基础上探求出一条中华优秀传统文化的传承和创新之路。正如黑格尔所讲："传统并不仅仅是一个管家婆，只是把她所接受过来的忠实地保存着，然后毫不改变地保持着并传给后代。它也不像自然的过程那样，在它的形态和形式的无限变化与活动里，仍然永远保持其原始的规律，没有进步。"❷因而，对中华优秀传统文化进行内在完善与外向宣传，推动传统文化在新时代的创造性转化与创新性发展，实现中华优秀传统文化的繁荣及兴盛是中华优秀传统文化涵养与培育时代新人的时代要求和必要条件。其中，中华优秀传统文化的内在完善包括以下方面：一是中华优秀传统文化资源的保护与开发，确保中华优秀传统文化赓

---

❶ 习近平. 在哲学社会科学工作座谈会上的讲话［M］. 北京：人民出版社，2016：17.

❷ 黑格尔. 哲学史讲演录：第 1 卷［M］. 贺麟，王太庆，译. 北京：商务印书馆，2009：8.

续不断地"传下去";二是中华优秀传统文化的诠释、重构与创新等,使其与时俱进,加速中华优秀传统文化(包括各类具体的、抽象的、观念的文化成果)在新时代"活起来";三是坚持中华优秀传统文化事业与产业的迅速发展和双向驱动,释放文化生产力,推动中华优秀传统文化"火起来"。中华优秀传统文化的外向宣传就是积极主动地将中华优秀传统文化传播与推广给更多的国家和人民,实现跨文化传播与交流,推动中华优秀传统文化"走出去",面向未来,面向世界。

一、保护与开发中华优秀传统文化资源,推动中华优秀传统文化"传下去"

传统文化之所以流传至今,离不开人们的保护与传承,中华优秀传统文化经过世世代代中华儿女的努力而得以保留和承继。无论是物质形态的文化遗产还是非物质形态的文化价值观,都是借助了世代中国人的智慧、努力与创造力而留存下来。他们付出了巨大的心血与汗水,通过各种形式和方式了解、参与并传递多样性的传统文化资源,目的是通过传承这些优秀的文化资源,坚守优秀历史传统,使中华民族宝贵的精神财富与文化基因薪火永续。随着社会现代化进程的加速,世界多元价值观之间不断融合与碰撞,在传统与现代的矛盾中,加大了人们的取舍难度,影响了人们对传统文化资源的关注度及兴趣,社会结构的变革还导致传统文化资源的传承方式难以推广。有的优秀传统文化资源开始淡出人们的视野与生活,如传统工艺、传统音乐和传统节日等,面临被遗忘和失传的风险;有的传统文化甚至已经销声匿迹,成为被历史永远封存的文化记忆。从目前的状况来分析,受综合因素影响,传统文化在当代的发展空间受到了极大的挤压,中华优秀传统文化的传承与发展面临重重阻力。为了防止越来越多的优秀传统文化的承继发生"断裂",也为了确保真正有时代价值的传统文化能够在当代重放光芒，首先就要加强对中华优秀传统文化资源的保护与开发，共同守护与保障中华优秀传统文化在当代的生存。

一方面，加大对中华优秀传统文化资源的保护力度。中华优秀传统文化资源既包含物质性的文化资源，如传统建筑、传统工艺品、传统服饰等，也包含非物质性的文化资源，如方言、文字、传统节日、道德观念、人文精神等。无论是物质性的文化还是非物质性的文化，都象征着中华民族的文化成就，需要得到有效保护才能得以传承。第一，增强人们对中华优秀传统文化资源的保护意识，保护传统文化资源是全体人民的责任与义务。对传统文化资源的价值进行普及与宣传，使公众认识到中华优秀传统文化资源的珍贵性，提高公众的认知与重视度，提升文化素养，唤醒全体人民保护传统文化资源的自觉意识。第二，对各种物质形态与非物质形态的文化资源进行抢救性保护工作，拯救受到巨大破坏及濒临遗失的文化成果。借助数字化媒体等现代化手段，修复、记录、重现与保存各种传统文化遗产，如对文人故居、历史遗址、传统村落的重建，对传统习俗、民族文化的保护，对文物典籍的资料收集与整理等，确保受破坏的文化资源得到"重生"，保证文化遗产的真实性与完整性。第三，建立完善的保护机制，加强对中华优秀传统文化资源的制度保障。通过出台相关政策，制定并完善相关的法律法规，明确保护传统文化资源的法律依据和责任追究，严厉打击与杜绝对传统文化资源的破坏及违法行为。同时，设立专门的保护机构，并培训专业化的管理人才与技术人才，加大监督力度，加强制度性建设，将中华优秀传统文化资源的保护纳入法治化的轨道，确保传统文化资源保护工作有法可依，实现制度化管理。

另一方面，加强对中华优秀传统文化资源的合理开发。中华文化源远流长、博大精深，具有庞大的内容体系，由于历史、地理、人文及科技等因素，五千多年的历史所积淀的传统文化资源并没有完全被发掘出来。例如，有些地域文化资源受制于地理交通因素仅在当地流传，而没有得到广泛的推广与应用；有些民族文化资源由于语言文字等因素，没有得到广泛的认知与理解；还有些传统文化资源在传承过程中逐渐被同化或流失，丢失了原本面目，过度商业化等。实现中华优秀传统文化的合理开发与利用，离不开对传统文化的深入研究与挖掘。一是重视考古教育，抓好考古工作。培养历史学、考古学等相关学科的学术人才，加大考古的学术研究力度，为考古工作奠定理论基础、提供理论指导。抓好考古工作，加大对考古工作的支持与投入，以科学严谨的态度进行实地考察，收集、记录与整理传统文化资源的相关资料，这些实地考察证据是考古工作最直接、最真实的信息来源。二是充分挖掘还未被开发利用的传统文化资源。通过实地走访调查，了解与认识潜在的或隐性的文化资源与文化基因，并对其进行价值评估与考量，从而确定文化资源的开发方向、开发规划与后续管理工作，保证传统文化资源的有效利用和可持续发展。

二、阐释与激活中华优秀传统文化，推动中华优秀传统文化"活起来"

文化需要传承，但原封不动地传承不仅使传统文化犹如一潭死水，还可能会被新时代的文化市场淘汰与抛弃。传统文化同样需要生机与活力，需要新鲜血液的注入，从而成为现代文化的"活水源头"，"传统不是凝固的，传统需要增添，需要更新，不时地批判和诠释传统，是文化流变的正常现象"❶。中华优秀传统文化之所以有强盛的生命力与活力，很重要的一个原因在于它并非一成不变的体系，而是有极强的包容性、开放性与可塑性，总是随着社会的变迁和时代的变化加以调整、重构与更新，不断增添符合时代、符合人的需求、符合现实发展的现代文化元素。复兴与弘扬

---

❶ 刘梦溪. 大师与传统［M］. 桂林：广西师范大学出版社，2015：48-49.

中华优秀传统文化，以高质量的传统文化涵育时代新人，不能简单地复制与搬运中华优秀传统文化，否则，可能造成传统文化在当代的"脱落"，放大传统与现代之间的矛盾。中华优秀传统文化既是一种传统文化，也能在当下社会被赋予新时代意义。这就要求我们要审视与反思中华优秀传统文化，对中华优秀传统文化加以重新阐释、改造与创新，激活其内在的时代价值，推动中华优秀传统文化在新时代"活起来"，让传统文化之火在新时代条件下愈燃愈烈，温暖每一个时代新人。

一方面，加快对中华优秀传统文化的现代化阐释，赋予其更多时代内涵。"文化体系对于现实的反馈功能需要通过与时代特点相契合的表达形式来体现。"❶对中华优秀传统文化进行现代化诠释既是以辩证视角对待文化传统的基本原则，也是实现传承与发展的关键目标。赋予中华优秀传统文化崭新的时代内涵并不是以现代替代传统，一味地追求创新，完全湮灭传统文化的独特之处，否则，这将完全失去传统韵味，也不符合辩证观；而是在尊重与理解的基础上，探索中华优秀传统文化新的内容与表达形式，使传统文化更具普适性，使现代文化更具传统意蕴，平衡传统与创新之间的关系，加强传统与现代文化之间的契合性。第一，深入挖掘中华优秀传统文化的内涵，提炼具有标识性的概念与内容。各个科研机构要以研究与阐释传统文化为使命，加大学术投入，对传统文化的历史流变、内在逻辑、精神实质、内涵阐释、主要特征、时代价值等进行全面分析与筛选。应提炼具有代表性、吸引力的核心文化元素，尤其是对传统伦理思想的研究，凝练传统伦理道德文化所包含的有价值的精神内涵，加快对"天人合一""贵和持中""厚德载物""自强不息""讲信修睦""为政以德"等传统理念的精准释义，对此进行整理与总结，为重述传统文化提供学理支持。第二，以现代化的话语阐释中华优秀传统文化，创新话语表达方式。中华优秀传

---

❶ 郭明飞，严君. 新时代中华优秀传统文化创造性转化与创新性发展的逻辑体系 [J]. 马克思主义与中华文化研究，2023（1）：37-53.

统文化有其自身的话语体系，中国古代语言言简意赅、意蕴丰富、意境深远，是中国传统语言表达的独特魅力；但受到历史因素影响，往往体现的是古代社会的价值观念与思想，其中有些已经不适用于现代社会。因而，要在社会需求导向下，寻找新的话语生长点与发展点，以现代化的话语阐释并转述传统文化，将晦涩难懂的传统文化话语转化为通俗易懂、人民喜闻乐见的话语。应开创全新的话语表达方式，利用多媒体等数字化手段，依托重大电视电影网络节目，融入现代的文化元素，将经典话语通过升级、改编、融合等，以现代音乐、舞蹈、戏剧、综艺等表达方式向人们呈现传统文化的样貌，如《中国诗词大会》《朗读者》《经典咏流传》《汉字风云会》等传统文化节目就得到了观众的好评。

另一方面，重视中华优秀传统文化的活态展示，使其在新时代重新焕发活力。中华民族拥有深厚的传统文化积淀，有各种形式的文化资源。为了让人们更多地了解、欣赏、体验与传承传统文化，需要采用新的方式和途径，让跨越时空的传统文化重新绽放魅力，动态展示在人们面前，使其能够看得见、摸得着、用得上，使中华优秀传统文化"活起来"。近年来，随着科技的重大突破，"基于虚拟现实（VR）技术与增强现实（AR）技术，可视化和交互体验成为新文创最直观的呈现形式"❶。第一，利用3D打印、三维建模等现代科技手段，不仅能够获取传统文物的精准数据，还能将传统遗产，如南禅寺大殿、故宫角楼、乐山大佛、兵马俑、云冈石窟等古代遗址，古代雕像、古代陶器、古代武器、古代瓷器、古代农械等传统文物进行等比例放大或缩小的数字化展示，传递到世界任何一个角落，放进各地博物馆，使原本遥不可及的传统文化遗产等"近在眼前"，甚至"触手可及"。第二，利用VR、AR等数字化技术，通过创建传统文化体验展厅，模拟传统文化的真实场景、人物和事件，人们可以获得更直观的感受和体

❶ 解学芳，张佳琪. 技术赋能：新文创产业数字化与智能化变革 [J]. 出版广角，2019（12）：9-13.

验，如《清明上河图》的全息 AI 动态长卷的模拟场景，使观众可以直观地感受并体验宋代繁荣的市井生活。目前，许多城市开设了非遗 VR 体验馆，人们就近能通过各类虚拟现实体验项目观赏非遗表演、欣赏非遗手工艺品、参与传统习俗活动等，身临其境地感受传统文化的魅力，对中华优秀传统文化的自信与崇敬油然而生。第三，创新性演绎、表达与"活化"传统文化元素，打造具有中国时代特色的国风文化。近年来，一阵阵国潮新风吹向中华大地，将传统文化与潮流元素相结合，通过各种有创意的表达、有创造性的演绎，如创意广告设计、服饰设计、动漫游戏、影视制作、音乐表演、舞台戏剧等，创作出现代与传统相融合的国潮元素，彰显出传统文化的存在感，赢得了广大受众群体尤其是青年人的信任与喜爱。国风文化迅速走红的背后，反映出时代与人民对传统文化回归的接纳及重新定义。国风文化逐渐成为引领时尚潮流的流量密码和新兴力量，展示了中国人对传统文化的创新性、现代化演绎，为中国人提供了一种新的文化认同与存在方式。

三、大力发展中华优秀传统文化产业，推动中华优秀传统文化"火起来"

发展文化产业是社会主义市场经济条件下促进文化发展的必然之举，随着社会的快速发展和消费结构的优化与升级，人们开始对文化产品有了更高的需求，催生了文化产业链。文化产业的崛起与繁盛则刺激了人们的文化消费，提升了人们的文化品位，为社会经济的发展起到助推作用。因而，文化产业是发展到一定阶段的社会与消费结构相互作用的产物。新时代推动中华优秀传统文化"火起来"，必然要推动中华优秀传统文化从绝对静态转化为动态的产品，使原生态的传统文化纳入文化产业发展的链条之中，结合现代市场需求与消费趋势，打造中华优秀传统文化独特的产业形态，使传统文化以产品形式能够在市场上实现"流通与运转"，并能够具有更强的市场竞争力和消费吸引力。推动中华优秀传统文化以产品形式融入社会主义市场经济中，是实现中华优秀传统文化创造性转化与创新性发展的重要途径。生产与创造文化产品的过程就是中华优秀传统文化转化和创新的过程，传统文化产业化要按照经济规则、消费者需求等市场原则不断生产与创造出适合时代发展、人们喜闻乐见的传统文化产品。要深入挖掘传统文化精髓，以新的形式、新的内容与新的样态展现中华优秀传统文化的独特魅力。大力推动中华优秀传统文化产业的发展，能够实现经济效益的创收与满足人民日益增长的文化需求的统一。随着经济生活水平的提升，人们对精神文化产品的需求随之而来，且近年来人们对传统文化的回归期望更加迫切，对高质量的文化产品需求大大增加。将传统文化纳入文化产业行列，能够开发与创生出有特色的、多样化的符合现代审美和市场需求的文化产品，满足不同的人的文化需求。传统文化产品具有丰富的历史文化内涵和艺术价值，可以为消费者提供独特的文化体验和精神享受，拉动文化消费，培育新的经济增长点，加快国家产业结构的优化。

一方面，打造中华优秀传统文化精品，提供高质量的中华优秀传统文化产品供给。中华优秀传统文化是中华民族的精神富矿，但如果不对其进行开发和利用，就无法完全释放中华优秀传统文化所内蕴的育人价值。实现中华优秀传统文化的产业化，是释放传统文化魅力和涵育时代新人的双重自觉的体现。"当一个文化器物、事象、现象、符号是一个单数式，它还是审美艺术创造与文化创造的载体与媒介、资源与内容，而当它变为复数的扩张体时，就完成了从资源到资本、由内容到产业、由文化到经济的演变。"❶这种"复数的扩张"可以通过传统文化的创意创新、打造传统文化精品、提升传统文化产品的质量、加强传统文化供给等途径，从而使本来独立的文化形式

---

❶ 沈尚武，袁岳. 中国传统文化的当代价值与缺憾［J］. 科学·经济·社会，2012（4）：164-169.

在市场效应下形成大规模的文化聚集现象与文化产业，传统文化由此转化为具有经济价值和市场价值的资本。第一，高质量的传统文化产品供给要坚持以人民为中心的生产与创造原则。只有赢得大众肯定与喜爱的传统文化作品才是优秀的文艺作品。因而，文艺工作者或文化产品参与者必须通过走访调查等方式深入了解人民大众的传统文化喜好与需求，如老人更偏好传统戏曲和传统饮食等怀旧形式的传统文化产品，青年人与少儿则更偏好传统歌舞、传统手工艺、传统诗词和传统体育等与自己生活、现代审美相结合的传统文化产品等。总之，传统文化产品供给要为人民服务，并接受人民的反馈，积极改进文化产品和创新文化形式，满足人民群众的多样化传统文化需求。第二，中华优秀传统文化产品生产要坚持"内容为王"的原则。中华优秀传统文化在新时代的表现形式呈多样化，有广播、电视、电影、动漫、歌舞剧等。市面上各种传统文化产品鱼龙混杂，精美的形式只是内容的外衣，内容才是传统文化在市场胜出的核心竞争力。文艺创作者要深挖传统文化精髓，尊重历史与原创，在还原传统文化真实面貌的基础上进行创新，在产品中融入更多有关中华优秀传统文化伦理道德的人文精神、思想内容与价值观念，弘扬传统美德，使大众在进行文化消费时受到传统价值观的浸染。第三，培养与提升文艺工作者的创作能力，打造具有社会价值的传统文化精品。文艺工作者是打造传统文化精品力作、实现中华优秀传统文化高质量供给的主力军。要牢记文化创作的使命与责任，本着认真负责的态度，深入学习与研究中华优秀传统文化的相关内容，勇于打破传统思维，融入现代元素，积极参加培训与教育活动，接受跨界、跨领域学习，涉猎其他艺术领域、科学技术、社会科学等，通过跨领域的知识融合与思维碰撞激发传统文化创作灵感，并积极参加创作实践，在理论与实践相结合中提升创作能力。

另一方面，推动中华优秀传统文化产业发展与其他相关产业结合，共同推动中国特色社会主义文化产业的协调性和整体性发展。中华优秀传统文化作为中华民族珍贵的文化资源，既是当代文化产业发展的源流所在，又为创新传统文化产品提供了丰富的素材与灵感。在当代的产业化发展过程中，既要尊崇与坚守中华优秀传统文化的真实性，又要推动其与时代相协调、与创新相结合，能够实现不同产业之间的信息畅通与优势互补。第一，推动中华优秀传统文化与文创产业相结合。近年来，"文化创意"从各行各业中脱颖而出，成为日渐风靡全球、愈加兴旺的文化产业支柱。文化创意实际上是以文化为基础的创造性活动，旨在利用各种文化资源通过有创意性的设计等手段提升文化的品质和质量。文创活动本身并不具备商品属性，但在市场经济的影响下逐渐成为人们获取经济利益的手段，由此诞生了文创产业。文创产业与中华优秀传统文化产业相融合是满足人们对文化和创意需求的必然产物。近年来打造的诸多文创精品，深受观众喜爱，赢得观众好评，如舞台剧《汉千年》，电影《长安三万里》，舞蹈诗剧《只此青绿》等。多样化的传统文化创意产品在生活中随处可见，如各式各样的故宫文创纪念品，各大银行与"十二生肖"的联名款银行卡，非遗文创纪念品、国潮服饰、传统文创生活品等都逐渐走入人们的视野和生活。世界各地还举办了中国传统文化创意产业博览会。发展中华优秀传统文化产业必须借助文化创意，为传统文化产业的发展增添创意与活力，立足中华优秀传统文化土壤，利用优秀传统文化的元素，构思、策划与设计更多具有时尚感和独特性的文创产品。第二，推动中华优秀传统文化与科技产业相结合。"文化借助于科技和网络，克服了时空障碍在全球迅速流动，为人们提供了崭新的文化消费空间。"❶科技推动了文化产品的消费，进而扩大了文化市场。科技是促进文化产业发展和提升竞争力的核心要素与外在动力，高新技术产业在文化产品的生产、创新、推广、消费与使用中都起着重要作用，"高新技术贯穿了文化产业的整个价值链条，同时为文化资源的

---

❶ 尹明明. 传统文化资源的创新性开发利用 [J]. 江西社会科学，2015（11）：236-241.

充分开发利用和产业链条的延伸带来了更大的空间"❶。要在实际中学会运用各种数字化技术,如 VR、AR、AI、3D 建模技术、区块链、算法推荐、高精度扫描技术、电子出版技术等,既赋能中华优秀传统文化产品的开发、创新、推广与使用、保存等,还能创新性地赋予中华优秀传统文化产品新形态,如数字化文化产品等。第三,推动中华优秀传统文化与旅游业相结合。文化能够增加旅游的客流量,提升旅游的品质,而旅游能够推动文化的传播和推广,文化与旅游相辅相成、相互依存,随着文化产业与旅游产业的交融,编织了一张"文化+旅游"的产业网。在中华优秀传统文化与旅游业相结合的过程中,各地政府应该注重保护与开发相结合的原则,既保存传统历史遗址遗迹、自然与人文景观等传统文化遗产资源,也要适当进行旅游开发。要以旅游资源为依托,充分利用旅游地的民俗文化特色,构建与完善传统文化的特色主题旅游线路和攻略,为游客提供传统文化的专业讲解,组织游客开展传统文化体验活动,使人们深度融入当地的传统文化氛围中,并在旅游中感受传统文化的魅力。同时,注重挖掘当代传统文化元素与符号,将富有中华优秀传统文化鲜明标识的元素提炼出来并复刻至旅游文化产品中,打造独特的中华优秀传统文化旅游品牌和旅游纪念品,包括传统服饰、工艺品、美食等;大力进行宣传与推广,以丰富的传统文化内涵与人文关怀引起游客共鸣,刺激更多游客的消费动力,从而提高旅游纪念品的知名度和美誉度。

四、传播与弘扬中华优秀传统文化,推动中华优秀传统文化"走出去"

新时代复兴中华优秀传统文化不是将其禁锢在中华大地上,也不是将

---

❶ 顾江,郭新茹. 科技创新背景下我国文化产业升级路径选择 [J]. 东岳论丛,2010(7):72-75.

其困守于当下时空中，过度的文化自我保护终究走向文化防御，导致本国文化的孤僻与停滞。推动文化"走出去"是一个国家、民族文化自信与文化自强的双重表现，高度的文化自信与文化自强使一个国家、民族在国际文化交流舞台上变得更为坚定和勇敢。推动中华优秀传统文化"走出去"，有助于消除其他国家人民对传统文化的偏见与误解。在过去较长时间内，部分资本主义国家出于特定意识形态的目的，通过新媒体进行信息的精准投放，对中华文化进行负面渲染，加之信息传播的不对称性，导致中华优秀传统文化所蕴含的人文精神、伦理道德与思想观念等，未能在全球范围内得到充分、完整的传播和展示，一些国家的民众对中华优秀传统文化产生了片面性的理解。实施"走出去"战略，能够以多样的形式阐释与展示中华优秀传统文化的完整样貌，让世界人民感受到中华优秀传统文化的温暖、力量和价值，主动尊重、理解与认可中华优秀传统文化的世界价值，使国际社会更为广泛地体验和感知中华优秀传统文化的深邃。中华优秀传统文化是中华民族的精神瑰宝，更是世界文化的重要组成部分，且在世界文明交流中起到了重要的推动作用，为世界文化的发展提供了丰厚的文化资源、贡献了中国智慧。因而，中华优秀传统文化要向世界与未来敞开心扉，主动投入世界文化交流的浪潮中。新时代推动中华优秀传统文化"走出去"，目的绝不是通过文化扩张以实现世界文化的同化，"文化走出去要求文化自身不断超越民族的局限，与其他文化自觉对接，并在人类的总体评判和取舍中获得普遍认同，不断将民族的文化资源转变为人类共享、共有的资源，使精神财富在全球范围自由流动"❶。推动中华优秀传统文化"走出去"旨在大力传播与弘扬中华优秀传统文化的精髓，实现价值认异，增进世界人民对中华优秀传统文化的认知，并能够主动理解、支持、包容中华优秀传统文化，确立全人类共同的价值共识。这是打破各国文化隔阂、

---

❶ 赵红梅，戴茂堂. 文化自信与中国价值观的国际影响力［M］. 北京：人民出版社，2021：208.

尊重文化多样性最为重要的交流方式之一。

一方面，树立中华优秀传统文化全球化传播的意识，牢记与勇担对外弘扬中华优秀传统文化的使命和责任。中华优秀传统文化以其独特性与广袤性始终是中国现代价值观的文化根脉所系，主要包含整体本位观念、以民为本观念、以德治国观念、教化为先观念、自强不息观念、厚德载物观念、和而不同观念。❶这些具有广泛价值共识的思想观念对西方国家甚至全球的文化价值观提供了参考价值，同时为应对全球性难题提供了中国智慧。这一系列价值观念不仅引起了中华儿女的高度关注，也在海外华人群体中产生了深远影响，如杜维明等海外华人，他们以认真负责的态度深入研究传统文化，并将传播传统文化视为自己的使命，这在传统文化在全球范围内的传播过程中发挥了重要作用，提高了中华传统智慧的世界知名度与认可度。只有在个体层面建立起深刻的文化传播意识，并通过积极的参与行为形成集体的文化传播力量，才能够在中华优秀传统文化的全球化传播过程中实现更为积极和广泛的影响，推动中华文化在国际上取得更为显著的成果。正是由于诸多海内外的中国人以传播优秀传统文化为己任，主动进行传统文化的世界性传播，中华优秀传统文化才能在世界范围内发出震耳欲聋的声响，如中国传统戏曲、传统中医、传统手工艺品、传统文化系列的电影小说及传统功夫近年来深受世界人民的喜爱。作为中华儿女，每一个人都要树立全球化传播的自觉意识，丰富自己的传统文化知识储备，在有限的生命里以无限的热情和使命感毫不吝啬、满怀信心地将中华优秀传统文化的精髓传递给世界各地人民。

另一方面，充分利用各种文化传播渠道，增强中华优秀传统文化的传播力与影响力。中华优秀传统文化历经数千年，从不缺乏丰厚的内容，但

---

❶ 赵红梅，戴茂堂. 文化自信与中国价值观的国际影响力［M］. 北京：人民出版社，2021：190.

一度陷入了全球化时代传统文化"传不开"的困境。要善于运用当今时代文化传播的特定机遇与多重渠道,以促进中华优秀传统文化的全球性传播,让世界人民熟知中华优秀传统文化。第一,以文化产业为依托,深入了解海外受众群体对中华优秀传统文化产品的需求,着重提高传统文化质量,打造具有国际影响力与竞争力的传统文化知名品牌和产品,拓宽贸易渠道,学习海外销售观念,打开传统文化产品营销的海外市场,通过商业化的手段将中华优秀传统文化以产品形式打入国外市场。第二,以文化教育为依托,通过举办中外文化交流活动、国内外交换生对接、召开国际学术会议、邀请国外学者来华交流等途径,加强中外学校的学术交流,在国内开设专门针对留学生的传统文化教育课程和体验实践活动,在国外建设中华优秀传统文化的专业化学校和研究所,如孔子学院等,在全球范围内培养更多对中华优秀传统文化感兴趣的人才。第三,以各种民间文化组织、企业和文化机构为依托,搭建国际文化交流的平台,通过组织各种传统文化展览、传统文化节及跨国文化项目的合作,积极主动参与国际文化交流活动,以文会友,"文化如水,润物无声。文化影响力靠渗透力,而不是靠强制力。我们要多交朋友、广交朋友、深交朋友,把朋友搞得多多的"❶,使各种物质形态和精神形态的中华优秀传统文化在与国外友人交流中飘向世界每一个角落。第四,以新型社交媒体为依托,搭建起中华优秀传统文化与世界文化之间沟通的桥梁。加强各媒体行业培训与自我革新,紧跟世界新媒体发展趋势,提升宣传中华优秀传统文化的能力。在国家政策与政府及社会各界的大力支持下,与国外媒体建立友好合作的伙伴关系,实现技术、资源与信息的共享,建立中华优秀传统文化的国外营销渠道。借助国内外主流媒体的广泛影响力,创建覆盖全球的中华优秀传统文化交流平台,着力在国际舞台上讲述中国传统文化的精彩故事,传播中华优秀传统文化的

---

❶ 蔡武. 文化热点面对面 [M]. 北京:人民出版社,2014:227.

价值观念，展示中华优秀传统文化的优秀成果，占领中华优秀传统文化在世界范围内新媒体传播的制高点。

第四节　育新人：涵养与培育时代新人的优秀传统文化素养

"中国的未来属于青年，中华民族的未来也属于青年。"❶在中华优秀传统文化涵育时代新人的这项工程中，"兴文化"是前提，"育新人"则是目标，"兴文化"与"育新人"齐头并进、并行不悖，同为实现文化育人的手段与途径，共同致力于提升文化育人的水平与质量。"兴文化"着眼于传承与弘扬中华优秀传统文化，激发传统文化的生命力与活力，为塑造时代新人的文化身份与文化认同奠定物质和精神基础。"育新人"则注重将中华优秀传统文化的丰厚文化底蕴以各种形式融入时代新人的成长成才过程中，培育有理想、有道德，学本领、敢创新，肯奋斗、担责任，练体质、强心态，拓视野、有胸怀的新一代中华民族伟大复兴的后继者。这一系统工程的目的在于通过将"兴文化"与"育新人"的有机结合，实现对时代新人的全面涵育。"个体必须吸收文化传统，必须登上他所出生时代的文化顶峰。"❷新时代如何充分利用各种育人方式，打造文化育人的新形态、新格局，从而提升时代新人的中华优秀传统文化知识积累、价值享受与实践体验，培养出具有主体意识、广阔视野、文化底蕴、创新能力和独特文化魅力的优秀人才，让时代新人在新时代中获得中华优秀传统文化的最高境界，是当下中华优秀传统文化涵育时代新人迫切需要解决的时代课题。一

---

❶ 中共中央文献研究室. 习近平关于青少年和共青团工作论述摘编［M］. 北京：中央文献出版社，2017：8.

❷ 兰德曼. 哲学人类学［M］. 贵阳：贵州人民出版社，2006：216.

是激发与唤醒时代新人的文化主体意识，实现时代新人的中华优秀传统文化"精神复苏"与"血脉觉醒"；二是以学校基础教育为依托，发挥学校教育的基础性作用，培养文化人才；三是营造中华优秀传统文化涵育时代新人的浓厚氛围，在中华优秀传统文化的潜移默化下，以"润物细无声"的方式浸润时代新人的内心。

一、血脉觉醒：激发与唤醒时代新人的文化主体意识

现实世界是人化的世界，人创造并赋予了世界更多存在与现实的意义，自从人与自然分离之时起，人就是主体性的存在，"人从浑然一体的自然中独立出来的过程，实质上就是自身的主体尺度确立的过程"❶，人类社会在人的主体性认识与实践中不断深化与发展。"人的活动本质上是以人自身为基点去认识和改造外物"❷，文化是人作为主体对客体进行的认识与改造的实践活动的综合性产物。中华优秀传统文化的形成源于古代中国人对客观世界的持续观察、认真思考、经验总结与实践改造，涵盖了广泛的有形、无形的文明成果。中华优秀传统文化作为中华民族的精神标识，是中国人对人类社会与自然界认知总结的产物，也是塑造中国人主体意识的元素，它自产生之日起便深深地刻上了中国人主体意识的烙印，对中华民族的思维方式、道德观念及社会秩序产生了重要影响。以中华优秀传统文化涵育时代新人的过程实际上是唤醒时代新人的主体意识、构筑时代新人的主体性的实践活动，传统文化为培育人的主体意识提供了可行性的途径。人的主体性在历史与传统文化的影响中不断得到确证，在了解、学习与继承中华传统文化精髓的过程中，经过中华优秀传统文化的不断熏陶、浸染与培育，作为主体的时代新人才能逐渐建构起对自己、他人和社会的认知

---

❶ 陈新夏. 人的尺度——主体尺度研究 [M]. 长沙：湖南出版社，1995：28.

❷ 陈新夏. 人的尺度——主体尺度研究 [M]. 长沙：湖南出版社，1995：28.

框架，从而激发时代新人对中华优秀传统文化的知识掌握能力与创新能力及价值追求，塑造时代新人的身份认同与价值观认可，并帮助时代新人面对与解决实际中的文化挑战和文化困境。因而，唤醒人的主体意识，培养人的主体性是以中华优秀传统文化涵育时代新人的前提性条件，只有当每个人都能够充分意识到自己是独立自主的个体时，充分发挥自己的优势和特长，才能真正实现中华民族文化血脉的觉醒和繁荣发展。

时代新人要建立起对中华优秀传统文化的主体意识，主动成为中华优秀传统文化的传承者、守护者、捍卫者和弘扬者。时代新人在缺乏主体意识或主体意识不成熟的情况下，其自主思考与自主选择的能力受到限制和阻碍，极易受到他人的精神操控与思想束缚，缺乏对传统文化的深入理解和有效参与，将对中华优秀传统文化的传承、传播与弘扬构成重大威胁。在这种情况下，他们更容易受到外部信息和意识形态的影响，陷入他人设定的思维框架中，人云亦云，从而丧失对传统文化的真实理解、判断及个体化的吸收。因而，"立人，首先要确立人的主体意识，包括一定的思想觉悟和对人类在特定历史时期已经达到的最低限度的实践经验、技能和科学文化知识的认知水平，以促进个体创造性和潜在力量的充分发挥"❶。在优秀传统文化涵育时代新人的实践过程中涉及的主体包括教育者、受教育者等，必须充分尊重个人的主体地位，致力于培养其主动性、创新性和批判性等各种主体能力。同时，个体间应相互尊重并理解每一个时代新人的独特性，给予他们足够的思考空间，以培养时代新人的主动性、创新性、批判性等主体能力，并给予时代新人以充足的思考空间，以便能够自由而深刻地表达对中华优秀传统文化的个人见解与感悟，使时代新人在学习与思考中华优秀传统文化的过程中实现自我的文化主体性确证，激发他们参与中华优秀传统文化创造性转化与创新性发展的积极性和热情。是否具有

---

❶ 梅萍. 论道德教育的主体性与人的全面发展［J］. 武汉大学学报（社会科学版），2003（4）：510-515.

强烈的主体意识是中华优秀传统文化涵育时代新人的强大动力，也是检验涵育时代新人效果的关键一环。这就要求，一方面，时代新人要主动认识并承担起弘扬中华优秀传统文化的责任和使命，主动学习与深挖中华优秀传统文化的知识和价值，培育自我良好的文化心态，以文化自知涵养文化自信。另一方面，时代新人要以主人翁的姿态积极参与中华优秀传统文化相关的实践活动，通过参与传统艺术表演、文化节庆、志愿服务等活动，以实际行动弘扬传统文化，使之在当代社会中焕发新的生命力。中华优秀传统文化是中华民族的根与魂，是延续中华民族精神的血脉，只有树立强烈的主体意识才能唤醒与激发时代新人的文化血脉觉醒，推动时代新人从应然主体向实然主体转变，开启破解文化传承与弘扬之难题的钥匙，力争使中华优秀传统文化涵育时代新人达成更好的效果。

二、夯实基础：发挥学校教育的基础性作用，培养文化人才

教育是人类社会发展的基石，并在推动人类文明发展过程中起到引领性作用，任何国家与民族都将教育视为推动社会发展的基础。办好高质量的、赢得人民满意的教育是国家长期可持续发展的基础性工程，更是国家整体进步的关键支撑。在中华民族伟大复兴的历史进程中，在国家与人民的各项事业发展的进程中，教育始终扮演着关键角色，并且在推动社会发展中获得了主动性与先导权。以中华优秀传统文化涵育时代新人，从本质来讲，是家庭、学校、社会协同共担的文化使命，但基于学校教育的基础性、专业性及组织性、有序性等教育优势，学校始终是文化育人的主场所，在三者中占据主导，承担着更多的文化育人的任务。学校作为系统性、有组织的教育机构，承担着传递文化价值观的重要职责，构筑了文化育人、以德树人的基础性框架。中华优秀传统文化涵育时代新人作为国家"立德树人"工作的关键一环，其目标的实现必须依托系统化、专业化的学校教

育，通过深入且全面的课程设计，培养一批专业的教师队伍，为时代新人提供丰富的中华优秀传统文化的基础性知识，增强时代新人的文化认知，提升时代新人的传统文化素养，加强时代新人的文化认同，培养具有科学的传统文化认知观、情感观、价值观且能传承与创新中华优秀传统文化的时代人才。

第一，在学校教育体系中增加中华优秀传统文化教育的比例，使中华优秀传统文化教育融入多学科教学过程之中。任何一个学科的建设、发展皆扎根于自身深厚的传统文化渊源，中华优秀传统文化为各学科建设提供了重要的理论支撑。多年来，将传统文化的元素、精髓和思想融入多学科的整合式教育成为中华传统文化教育的主要模式，这种融入式的教育依然值得提倡。这不仅有助于学生全面理解传统文化在各个领域的影响，同时也促使各学科更好地汲取传统智慧，为学科发展提供更为丰富的理论基础。传承与弘扬中华优秀传统文化，是学校教育体系中各个学科所承担的共同责任，而不仅是思想教育的任务。因而，在不同的学科教学中，应该根据不同学科的特点，着眼于中华优秀传统文化与各个学科的契合点，有选择性、有针对性地在初高中课程如历史、地理、语文、数学、音乐、美术等，在大学课程如历史学、文学、哲学、教育学、经济学、体育学、医学等学科中深入融合中华优秀传统文化元素，通过传统文化的跨学科或交叉学科教育，实现知识教育与思想道德教育相结合。其旨在促进时代新人在多学科教学体系中感受、理解与体验中华优秀传统文化的思想精髓，以多学科的综合性力量全面推动中华优秀传统文化教育取得良好效果。

第二，合理安排学校各学科教学的课程设置，增设中华优秀传统文化教育的专业课程或相关课程。目前来讲，大部分的学校并没有将中华优秀传统文化纳入正式的学科体系，也没有设置专门的学科教学课程，国学或传统文化教育往往仅作为有限范围内的选修课程，供对传统文化表现出浓厚兴趣的学生选择。"传统文化是有其内在逻辑、自成体系的，仅靠在几门学科中撒胡椒面式地渗透一点内容"❶，是不可能涵育时代新人的文化素养的。由于传统文化课程的有限开设，学生对于中华优秀传统文化的了解相对不足，缺乏系统深入的学科性知识，使得中华优秀传统文化教育的地位相较于其他学科在学校教学中较低。学科化教学是学校教育的基本组织结构，在这一框架下，实现中华优秀传统文化的学科化教学意味着将传统文化纳入专门的学科体系，增设中华优秀传统文化教育的专业或相关课程设置。学校教育应该加强对中华优秀传统文化的学科化建设，通过设置教学目标和教学计划，采用多样化的教学手段，开设中华优秀传统文化的必修课与选修课，引入学科教学评价，并基于评价结果进行有针对性的教学反馈，完善中华优秀传统文化教育的教学过程，形成中华优秀传统文化教育有机的、系统的学科教学建设框架。

第三，提升学校教育者的传统文化教育能力与素质，培养一批专业的、优秀的中华优秀传统文化教育工作者。教育者是受教育者的指路明灯，是学校教育体系的主导性力量，在对时代新人进行中华优秀传统文化教育中起到引领性的作用，是帮助时代新人建立全面系统的中华优秀传统文化知识体系的关键因素，能够为时代新人提供深入理解和认识中华优秀传统文化的学术指导与知识支持。因而，教育者的传统文化素质直接关系到时代新人的传统文化素养。学校应该投入财力与物力，大力支持教育者进行中华优秀传统文化的进修与学术交流活动，着重培养一批具有丰富的传统文化知识、能够胜任中华优秀传统文化教育任务的教师队伍，提升教育者的专业化知识水平。教育者自身应该端正对中华优秀传统文化的态度，提高学习传统文化的自觉性，并积极参与中华优秀传统文化的学术研讨、交流活动，汲取丰厚的传统文化营养，不断提高自身的中华优秀传统文化理论研究水平，以确保在教学过程中能够向时代新人准确传达传统文化的价值

---

❶ 张良驯，等. 当代青少年中华优秀传统文化教育研究［M］. 北京：北京理工大学出版社，2015：181.

观念和知识体系，积极探索多样化的、学生乐意接受的教学方式，以更高的传统文化学术造诣与文化修养，为时代新人提供有深度、有高度、有温度的中华优秀传统文化教育体验。

三、浸润心田：营造中华优秀传统文化涵育时代新人的浓厚氛围

环境影响人，环境也塑造人。中华优秀传统文化本身作为一种精神文化氛围而存在并渗透于民族生活的方方面面，影响着人们的价值取向、思想观念和精神建构等，"文化是一种存在着的'精神氛围'，是人民的精神家园"❶。健康良好的文化氛围能够对时代新人精神世界的形成起到积极作用；不健康的文化氛围则对时代新人的精神世界产生消极的影响，不利于时代新人的健康成长。中华优秀传统文化是经过历史与时代的筛选所存留下来的对现代社会和人的发展起正向作用的文化成果，自身具有能够维持和创造良好的文化氛围的潜力与功能，要激发这种潜力，就必须在时代新人所成长的环境中积极营造尊重和自觉弘扬中华优秀传统文化的浓厚氛围。这样的文化环境旨在为时代新人提供具有深层次的中华优秀传统文化内涵的"呼吸空间"，以促使时代新人在潜移默化的优秀传统文化的滋养和浸润下，形成积极向上的世界观、人生观和价值观，从而达到时代新人"日用而不自知"的文化境界。

一方面，充分利用与发挥文化场所的涵育功能，依托各种形式的文化活动和社会实践，渲染中华优秀传统文化涵育时代新人的底色。文化场所是文化育人的"功能厅"，提供了展示、欣赏与传播中华优秀传统文化的重要平台。文化场所具有其他公共场所不可替代的文化育人功能，是中华优秀传统文化涵育时代新人的重要场所，也是人们感知、体验和创造文化的

---

❶ 刘献君. 论文化育人［J］. 高等教育研究，2013（2）：1-8.

重要空间。应充分利用具有当地特色的文化馆、图书馆、博物馆、文化基地、文化遗址、古典园林、高等学府、文人故居、风景名胜故地等各式各样的传统文化空间。组织时代新人参观并了解传统文物的展览活动，定期举办中华优秀传统文化的专题讲座与学术会议，邀请知名学者为时代新人解惑答疑。安排时代新人参观古代建筑、名胜古迹，亲身体验传统文化的历史底蕴，开展有创意的文化活动，如与中华优秀传统文化相关的书法比赛、诗歌创作等，通过亲身参与，时代新人能更好地理解和体验传统文化的魅力。同时，利用重大传统节日节点，通过宣传、庆祝中华民族的传统节日，烘托节日气氛，为时代新人提供丰富的传统文化体验，在浓厚的节日氛围中感受中华优秀传统文化的存在感与重要价值，自觉接受文化熏陶和感染。

另一方面，构建中华优秀传统文化涵育时代新人的清朗的网络空间。在信息化飞速发展的时代，数字化、新媒体等网络手段为文化育人提供了更丰富的渠道及便利，网络的虚拟性、去中心性、交互性、开放性、扁平化、匿名性等特征，使每一个人在数字化时代成为平等的主体。但是，如果不筑牢法治防线，网络空间就会成为不良行为甚至违法乱纪行为的温床。"乱花渐欲迷人眼"的网络空间信息往往良莠不齐、是非难辨，如果这些信息的质量和来源不能得到有效的保障及监管，虚假信息、低俗内容、恶意谣言等不良信息就会在网络上广泛传播，给人们的思想观念和价值判断带来负面影响。甚至有人对中华优秀传统文化采取一种戏谑化和低俗化的态度，表现为对古人的恶搞、对传统价值观念的漠视、对经典文学作品的扭曲解读及对传统仪式的滥用等，这严重削弱了中华优秀传统文化涵育时代新人的效果。为了营造中华优秀传统文化涵育时代新人的健康的网络空间，时代新人首先要学会分辨鱼龙混杂的信息，以防范盲目"跟风"对中华优秀传统文化进行不当解读和负面渲染。当面对网络上不尊重中华优秀传统文化的"喷子"言论时，时代新人应当以建设性和理性的态度参与争论，并通过翔实的事实和逻辑进行反驳,珍视与捍卫中华优秀传统文化的声誉。自媒体和网络平台要坚持高度的自觉自律,以负责任的态度确保信息的真实性、客观性和公正性,利用各种社交平台,以各种社会热线为契机,创新表达形式,发布中华优秀传统文化的相关信息,引起时代新人的兴趣和关注度。同时,社会要加强网络监管,健全网络规范与法律体系,及时清理与打击网络违法犯罪行为,对恶意抹黑中华优秀传统文化的言论进行严肃处理,倡导网络上的文明交流,以尊重、理解、理性的态度分享信息、表达观点,调动全社会的积极性,构建正能量的网络生态,为时代新人提供健康成长的数字化空间,还给时代新人一个清新而富有教育意义的网络环境,为中华优秀传统文化涵育时代新人提供更为健康的条件。

参考文献

一、著作类

［1］罗安宪. 周易［M］. 北京：人民出版社，2017.

［2］周易［M］. 冯国超，译注. 北京：华夏出版社，2017.

［3］论语［M］. 冯国超，译注. 北京：华夏出版社，2017.

［4］礼记［M］. 崔高维，校点. 沈阳：辽宁教育出版社，1997.

［5］杨天宇. 礼记译注（下）［M］. 上海：上海古籍出版社，2004.

［6］孟子［M］. 杨伯峻，杨逢彬，导读、注译. 长沙：岳麓书社，2021.

［7］春秋繁露［M］. 程郁，导读、注译. 长沙：岳麓书社，2021.

［8］春秋繁露［M］. 曾振宇，注说. 郑州：河南大学出版社，2009.

［9］大学　中庸［M］. 赵清文，译注. 北京：华夏出版社，2017.

［10］大学　中庸［M］. 颜培金，王谦，注译. 武汉：崇文书局，2020.

［11］尚书［M］. 徐奇堂，译注. 广州：广州出版社，2001.

［12］荀子［M］. 廖名春，邹新明，校点. 沈阳：辽宁教育出版社，1997.

［13］道德经［M］. 黄朴民，导读、注译. 长沙：岳麓书社，2022.

［14］诸葛亮文集全译［M］. 方家常，译注. 贵阳：贵州人民出版社，1997.

［15］刘向. 说苑（上）［M］. 萧祥剑，注译. 北京：团结出版社，2021.

［16］庄子［M］. 萧无陂，导读、注译. 长沙：岳麓书社，2018.

［17］张载. 张载集［M］. 北京：中华书局，1978.

［18］姜涛. 管子新注［M］. 济南：齐鲁书社，2006.

［19］荀悦，袁宏. 两汉纪上·汉纪·孝惠皇帝纪（卷五）［M］. 张烈，点校. 北京：中华书局，2002.

［20］孝经［M］. 曲行之，译注. 杭州：浙江古籍出版社，2011.

［21］法言全译［M］. 韩敬，译注. 成都：巴蜀书社，1999.

［22］朱熹. 四书章句集注［M］. 杭州：浙江古籍出版社，2014.

［23］朱熹. 朱子全书：第 23 册［M］. 修订本. 上海：上海古籍出版社，合肥：安徽教育出版社，2010.

［24］张载集［M］. 章锡琛，点校. 北京：中华书局，1978.

［25］二程集［M］. 王孝鱼，点校. 北京：中华书局，2004.

［26］王阳明全集（卷三）［M］. 吴光，等，编校. 上海：上海古籍出版社，2012.

［27］姜尚，黄石公. 六韬·三略全鉴［M］. 东篱子，解译. 北京：中国纺织出版社，2018.

［28］许慎. 说文解字注音版［M］. 杭州：浙江古籍出版社，2020.

［29］辜鸿铭. 中国人的精神［M］. 张恒，译. 北京：文津出版社，2013.

［30］陶行知. 陶行知全集：第 5 卷［M］. 长沙：湖南教育出版社，1985.

［31］蔡元培. 蔡元培教育文选［M］. 北京：人民教育出版社，1980.

［32］蔡元培. 蔡元培全集：第 8 卷［M］. 杭州：浙江教育出版社，1997.

［33］张岱年. 张岱年文集：第 3 卷［M］. 北京：清华大学出版社，1992.

［34］张岱年. 文化与哲学［M］. 北京：教育科学出版社，1998.

［35］张岱年，程宜山. 中国文化论争［M］. 北京：中国人民大学出版社，2006.

［36］梁漱溟. 中国文化的命运［M］. 北京：中信出版社，2010.

［37］张君劢. 儒家哲学之复兴［M］. 北京：中国人民大学出版社，2006.

［38］冯友兰. 三松堂全集：第4卷［M］. 郑州：河南人民出版社，2001.

［39］李泽厚. 中国古代思想史论［M］. 北京：人民文学出版社，2021.

［40］刘梦溪. 大师与传统［M］. 桂林：广西师范大学出版社，2015.

［41］钱穆. 民族与文化［M］. 北京：九州出版社，2021.

［42］钱穆. 中国历史精神［M］. 北京：九州出版社，2016.

［43］叶澜，等. 教育理论与学校实践［M］. 北京：高等教育出版社，2000.

［44］汤一介. 面对中西文化［M］. 北京：中国人民大学出版社，2015.

［45］田克俭. 民族精神与竞争力［M］. 北京：新华出版社，2006.

［46］陈谷嘉. 儒家伦理哲学［M］. 北京：人民出版社，1996.

［47］郑淑媛. 先秦儒家的精神修养［M］. 北京：人民出版社，2006.

［48］李景林. 教化视域中的儒学［M］. 北京：中国社会科学出版社，2013.

［49］邵汉明，等. 大众儒学［M］. 北京：人民出版社，2014.

［50］刘忠孝，等. 先秦儒家伦理文化研究［M］. 北京：人民出版社，2012.

［51］刘世宇. 情感与秩序：以先秦儒家思想为中心［M］. 北京：人民出版社，2018.

［52］朱贻庭. 中国传统伦理思想史［M］. 上海：华东师范大学出版社，2003.

［53］冯建军. 生命与教育［M］. 北京：教育科学出版社，2004.

［54］陈新夏. 人的尺度——主体尺度研究［M］. 长沙：湖南出版社，1995.

［55］李中元. 文化是什么［M］. 北京：商务印书馆，2014.

［56］向怀林. 中国传统文化要述［M］. 重庆：重庆大学出版社，2016.

［57］杨文笔. 中国传统文化导论［M］. 银川：宁夏人民出版社，2020.

［58］张应杭，蔡海榕. 中国传统文化概论［M］. 上海：上海人民出版社，2013.

［59］朱汉民. 中国传统文化导论［M］. 长沙：湖南大学出版社，2009.

［60］李宗桂，等. 中国优秀传统文化的现代价值［M］. 北京：人民出版社，2019.

［61］孙伟平. 中华文化可以向世界贡献什么？［M］. 南宁：广西人民出版社，2019.

［62］曾仕强. 中华文化自信［M］. 北京：中央编译出版社，2016.

［63］苗伟. 文化优化论［M］. 北京：人民出版社，2020.

［64］赵宇飞. 中国人的文化自信［M］. 典藏本. 贵阳：孔学堂书局，2020.

［65］庞立生. 历史唯物主义与精神生活研究［M］. 北京：人民出版社，2020.

［66］蔡武. 文化热点面对面［M］. 北京：人民出版社，2014.

［67］楼宇烈. 中国人的人文精神（上）［M］. 北京：北京联合出版公司，2020.

［68］许俊. 中国人的根与魂：中华优秀传统文化通识［M］. 北京：人民出版社，2016.

［69］秦弓. 中国人的德行［M］. 北京：文津出版社，2013.

［70］董伟. 中国传统人观史纲［M］. 北京：人民出版社，2018.

［71］吴毅，等. 中华人文精神论纲［M］. 北京：人民出版社，2011.

［72］吕鸣章. 基于认同的主体性研究［M］. 杭州：浙江工商大学出版社，2022.

［73］董耀鹏. 人的主体性初探［M］. 北京：北京图书馆出版社，1996.

［74］和学新. 主体性教学研究［M］. 兰州：甘肃教育出版社，2000.

［75］谷方. 主体性哲学与文化问题［M］. 北京：中国和平出版社，1994.

［76］郭湛. 主体性哲学：人的存在及其意义［M］. 昆明：云南人民出版社，2002.

［77］郭湛. 文化的超越性研究［M］. 哈尔滨：黑龙江人民出版社，2006.

［78］丁安廉，和学新. 主体性教育的教学策略探索［M］. 天津：天津社会科学院出版社，2000.

［79］全品生. 文化动力论：主体文化意识形态化研究［M］. 昆明：云南大学出版社，2013.

［80］宋洪云．文化与哲学［M］．北京：知识产权出版社，2019.

［81］黄济．教育哲学通论［M］．太原：山西教育出版社，1998.

［82］鲁力．中国传统文化的思想政治教育价值研究［M］．北京：中国社会科学出版社，2017.

［83］王蒙．王蒙谈文化自信［M］．北京：人民出版社，2018.

［84］储峰．新时代中国文化自信之传统文化底蕴［M］．北京：人民出版社，2023.

［85］沈壮海，等．文化强国的关键要素及其建设研究［M］．北京：人民出版社，2023.

［86］韩延明，等．大学文化育人之道［M］．北京：高等教育出版社，2013.

［87］李曼丽．通识教育——一种大学教育观［M］．北京：清华大学出版社，1999.

［88］田原，等．核心价值引领文化育人［M］．东营：中国石油大学出版社，2014.

［89］董云川，周宏．大学的文化使命——文化育人的彷徨与生机［M］．北京：人民出版社，2014.

［90］张立学．以文化人：大学文化育人研究［M］．北京：人民出版社，2019.

［91］眭依凡．大学文化思想及文化育人研究［M］．杭州：浙江大学出版社，2016.

［92］周莹，等．新时期高校文化育人的创新与实践［M］．济南：山东文艺出版社，2022.

［93］颜枫．高校文化育人理论与实践创新研究［M］．长春：吉林人民出版社，2021.

［94］萧思健，周毕．文化育人之道［M］．上海：复旦大学出版社，2012.

［95］郭凤志．以文化人的自我意识研究［M］．北京：人民出版社，2019.

［96］高文苗. 新时代中华优秀传统文化教育研究［M］. 北京：人民出版社，2020.

［97］关连芳，等. 和谐坐标上的大学传统文化教育［M］. 哈尔滨：东北林业大学出版社，2008.

［98］刘新科. 中国传统文化与教育［M］. 长春：东北师范大学出版社，2002.

［99］李欢，等. 中华优秀传统文化与青少年教育研究［M］. 长春：吉林大学出版社，2020.

［100］苏洁. 中国传统美德文化对道德教育的影响研究［M］. 西安：陕西科学技术出版社，2021.

［101］周玉衡. 传统文化与教师教育［M］. 上海：复旦大学出版社，2013.

［102］杨福荣，郜蕾芳. 中国传统文化与大学生德育教育研究［M］. 西安：西安交通大学出版社，2016.

［103］邓军. 革命精神融入高校时代新人培育的理论与实践［M］. 桂林：广西师范大学出版社，2022.

［104］赵美玲，等. 坚定自信：迈向中华民族伟大复兴［M］. 北京：中央文献出版社，中共党史出版社，2021.

［105］杨晓慧. 当代大学生成长规律研究［M］. 北京：人民出版社，2010.

［106］房广顺. 社会主义核心价值观与中华传统文化［M］. 北京：人民出版社，2015.

［107］李宏斌，杨亮才. 文化哲学与社会主义核心价值研究［M］. 北京：人民出版社，2015.

［108］胡滨. 中华传统文化精神与社会主义核心价值观关系研究［M］. 北京：人民出版社，2021.

［109］赵红梅，戴茂堂. 文化自信与中国价值观的国际影响力［M］. 北京：人民出版社，2021.

［110］于铭松，等. 文化自信：中华文明的当代价值和世界意义［M］. 北京：人民出版社，2021.

［111］张良驯，等. 当代青少年中华优秀传统文化教育研究［M］. 北京：北京理工大学出版社，2015.

［112］张立文. 中国传统文化与人类命运共同体［M］. 北京：中国人民大学出版社，2018.

［113］马克斯·霍克海默，特奥多·威·阿多尔诺. 启蒙辩证法［M］. 洪佩郁，蔺月峰，译. 重庆：重庆出版社，1990.

［114］雅斯贝尔斯. 什么是教育［M］. 邹进，译. 北京：生活·读书·新知三联书店，1991.

［115］洛雷塔·A. 马兰德罗，拉里·巴克. 非语言交流［M］. 孟小平. 等译. 北京：北京语言学院出版社，1991.

［116］阿尔贝特·施韦泽. 敬畏生命［M］. 2 版. 陈泽环，译. 上海：上海社会科学院出版社，2003.

［117］阿尔贝特·施韦泽. 文化哲学［M］. 陈泽环，译. 上海：上海人民出版社，2017.

［118］塞缪尔·亨廷顿. 文明的冲突与世界秩序的重建［M］. 周琪，等译. 北京：新华出版社，2010.

［119］塞缪尔·亨廷顿，劳伦斯·哈里. 文化的重要作用——价值观如何影响人类进步［M］. 程克雄，译. 北京：新华出版社，2013.

［120］兰德曼. 哲学人类学［M］. 阎嘉，译. 贵阳：贵州人民出版社，2006.

［121］伽达默尔. 诠释学 I：真理与方法［M］. 洪汉鼎，译. 北京：商务印书馆，2010.

［122］萨顿. 科学史和新人文主义［M］. 陈恒六，刘兵，仲维光，译. 上海：上海交通大学出版社，2007.

［123］黑格尔. 历史哲学［M］. 王造时，译. 上海：上海书店出版社，2001.

［124］黑格尔. 哲学史讲演录：第 1 卷［M］. 贺麟，王太庆，译. 北京：
        商务印书馆，2009.

二、期刊类

［1］李宗桂. 试论中国优秀传统文化的内涵［J］. 学术研究，2013（11）：
      35-39.

［2］顾冠华. 中国传统文化论略［J］. 扬州大学学报（人文社会科学版），
      1999（6）：34-40.

［3］张新民. 儒释之间：唐宋时期中国哲学思想的发展特征——以儒学的
      佛化与佛教的儒化为中心［J］. 文史哲，2016（6）：5-23，162.

［4］李后强，李海龙. 从长江黄河"双联体"看中华民族文化基因［J］. 社
      会科学研究，2021（1）：165-173.

［5］陈先达. 中国传统文化的当代价值［J］. 中国社会科学，1997（2）：
      30-40.

［6］陈先达. 文化自信中的传统与当代［J］. 红色文化学刊，2018（3）：
      107-109.

［7］万俊人. 人为什么要有道德？（下）［J］. 现代哲学，2003（2）：46-50，
      58.

［8］夏兴有. 论人的精神生活［J］. 中国特色社会主义研究，2009（5）：
      69-74.

［9］韩冬雪. 论中国文化的包容性［J］. 山东大学学报（哲学社会科学版），
      2013（2）：1-6.

［10］熊黎明. 中国传统文化的现代转型［J］. 云南社会科学，2001（S1）：
      63-66.

［11］沈尚武，袁岳．中国传统文化的当代价值与缺憾［J］．科学·经济·社会，2012，30（4）：164-169.

［12］郭昱均，刘伟．时代新人视域下中华优秀传统文化精神的价值［J］．三角洲，2023（21）：187-189.

［13］郑君，张金．以中华传统和谐文化涵养时代新人的三重向度［J］．学校党建与思想教育，2023（9）：58-60.

［14］王院成．中华优秀传统文化培育时代新人的三重逻辑［J］．河南教育（基教版），2021（12）：30-31.

［15］沈湘平．用中华优秀传统文化培育时代新人［J］．雷锋，2021（3）：77-79.

［16］龙献忠，陈方芳，刘绍云．论弘扬中华优秀传统伦理道德文化与培养时代新人［J］．郑州大学学报（哲学社会科学版），2019（2）：13-18.

［17］张凌林．蒙以养正：以优秀传统文化培育"时代新人"［J］．福建省社会主义学院学报，2019（1）：48-53.

［18］刘芳．对文化自觉和文化自信的战略考量［J］．思想理论教育，2012（1）：8-13.

［19］张国启，汪丹丹．担当民族复兴大任的时代新人的逻辑内涵与培养理路［J］．思想理论教育，2018（12）：42-47.

［20］刘建军．论"时代新人"的科学内涵［J］．思想理论教育，2019（2）：4-9.

［21］侯凯升，沈壮海．大学生中华优秀传统文化素养：现状与涵育——基于2017—2021年连续调查数据的分析［J］．青年学报，2023（3）：43-49.

［22］梁山，高丽华．现代化·传统文化·民族凝聚力［J］．中山大学学报论丛，1991（26）：29-33.

［23］刘炎欣，王向东．论教育情怀的生成机制和升华路径——基于文化

存在论教育学的视角分析［J］. 中国人民大学教育学刊，2018（2）：130-142.

［24］张利明. 立德树人与中华优秀传统文化关系述论［J］. 社会科学研究，2016（6）：143-147.

［25］苗伟. 论人的文化主体性［J］. 云南社会科学，2012（4）：55-60.

［26］丁立群. 文化哲学：问题与领域［J］. 哲学研究，2010（9）：108-113.

［27］孙美堂，杜中臣. 文化即"人化"——文化概念的一种诠释及其意义［J］. 中国人民大学学报，2004（6）：35-40.

［28］万光侠. 文化价值的人学阐释［J］. 山东师范大学学报（人文社会科学版），2003（3）：7-12.

［29］李健. 论文化意识与人的全面发展［J］. 教育理论与实践，1999（1）：7-10.

［30］赵传海. 论文化基因及其社会功能［J］. 河南社会科学，2008（2）：50-52.

［31］郭湛. 论主体间性或交互主体性［J］. 中国人民大学学报，2001（3）：32-38.

［32］梅萍. 论道德教育的主体性与人的全面发展［J］. 武汉大学学报（社会科学版），2003（4）：510-515.

［33］刘献君. 论文化育人［J］. 高等教育研究，2013（2）：1-8.

［34］李春华. 文化的"化人"与思政的"育人"［J］. 马克思主义研究，2012（9）：138-144.

［35］章兢，何祖健. 从"知识育人"到"文化育人"——整体论视野中的大学素质教育［J］. 高等教育研究，2008（11）：9-13.

［36］夏静. "以文化人"的思想谱系与理论诠释［J］. 齐鲁学，2019（5）：110-115.

［37］逄锦凤. 以文化人以文育人的内容及载体研究［J］. 才智，2019（20）：67.

［38］张立学，路日亮. 以文化人意蕴解读［J］. 中国高等教育，2018（12）：33-34.

［39］骆郁廷，陈娜. 论"化人"之"文"［J］. 思想理论教育导刊，2016（11）：120-125.

［40］王振. 论以文化人的意蕴与整体性构建［J］. 思想教育研究，2016（7）：47-51.

［41］高山，张若飞. 以文化人：社会主义核心价值观培育践行的着力点［J］. 思想教育研究，2015（12）：20-23.

［42］秦在东. 正确认识"以文化人"的层次性与复杂性［J］. 思想教育研究，2015（11）：24-26.

［43］李向成. 用"以文化人"推进大学生核心价值观宣传教育的实践路径探析［J］. 思想教育研究，2015（11）：27-30.

［44］胡德海. 论教育的功能问题［J］. 西北师大学报（社会科学版），1999（2）：8-14，107.

［45］徐国亮，刘松. 三层四维：家国情怀的文化结构探析［J］. 四川大学学报（哲学社会科学版），2018（6）：125-133.

［46］聂飞. 家国同构视角下的传统国家治理及影响［J］. 党政研究，2021（6）：99-106.

［47］何新华. 试析古代中国的天下观［J］. 东南亚研究，2006（1）：50-54.

［48］吕存凯. 中国世界观的古今演变——"坚持胸怀天下"的历史意涵［J］. 中央社会主义学院学报，2022（3）：155-166.

［49］金庭碧. "必须坚持胸怀天下"的四维阐释［J］. 湖南省社会主义学院学报，2022（6）：54-57.

［50］允春喜，赵宇. 中国传统"天下"观与现代国家建构［J］. 华北电力大学学报（社会科学版），2022（6）：60-66.

［51］陈璐，任慧英. 胸怀天下：理论渊源、实践理路及现实观照［J］. 贵

州省党校学报，2022（3）：19-26.

[52] 刘勇，章钊铭. 胸怀天下：中国式现代化道路的三重意蕴［J］. 江苏社会科学，2022（3）：10-20，241.

[53] 项久雨，杨冉，牛军政. 论"坚持胸怀天下"的历史基因、时代大势与未来担当［J］. 党政研究，2022（3）：70-76.

[54] 李昱，贾晓璐. "坚持胸怀天下"历史经验的逻辑分析及其当代意义［J］. 中共郑州市委党校学报，2022（2）：10-13.

[55] 张晋藩. "胸怀天下""协和万邦"的历史与法文化解读［J］. 中共中央党校（国家行政学院）学报，2022（2）：5-11.

[56] 李斌雄，魏心凝. "坚持胸怀天下"历史经验的内涵依据、历史逻辑和实践要求［J］. 河南社会科学，2022（3）：1-9.

[57] 易小明. 论系统思维方法的一般原则［J］. 齐鲁学刊，2015（4）：57-63.

[58] 师海玲，范燕宁. 社会生态系统理论阐释下的人类行为与社会环境——2004 年查尔斯·扎斯特罗关于人类行为与社会环境的新探讨［J］. 首都师范大学学报（社会科学版），2005（4）：94-97.

[59] 柴江. 家校合作的本质属性、困境根源与破解思路［J］. 南京师大学报（社会科学版），2021（3）：62-72.

[60] 彭茜，郭凯. 家庭、学校、社区合作的功能及其运行机制［J］. 教育评论，2001（4）：28-30.

[61] 麻超，王瑞，曲美艳. 家校社协同推进青少年生命教育：基于交叠影响域的视角［J］. 当代教育论坛，2022（5）：1-9.

[62] 杨雪梅，王维. 基于家校社协同的"双减"推进路径［J］. 中国教育学刊，2022（2）：104.

[63] 邱慧燕，柴江. 家校合作体系构建的要素、困境及路径［J］. 内蒙古社会科学，2021（6）：179-186.

［64］孙永鸣. 新时代家校社协同育人的内涵和特征［J］. 中国德育，2021（18）：15-19.

［65］马晓丽，白芸. 家校社协同育人的基本内涵、关键要点与过程机制［J］. 福建教育，2021（24）：6-9.

［66］毕诚. 家校社协同育人的文化思考［J］. 人民教育，2021（11）：61-63.

［67］储朝晖. 家校社协同育人实施策略［J］. 人民教育，2021（8）：33-36.

［68］郭明飞，严君. 新时代中华优秀传统文化创造性转化与创新性发展的逻辑体系［J］. 马克思主义与中华文化研究，2023（1）：37-53.

［69］解学芳，张佳琪. 技术赋能：新文创产业数字化与智能化变革［J］. 出版广角，2019（12）：9-13.

［70］尹明明. 传统文化资源的创新性开发利用［J］. 江西社会科学，2015，35（11）：236-241.

［71］顾江，郭新茹. 科技创新背景下我国文化产业升级路径选择［J］. 东岳论丛，2010（7）：72-75.

三、学位论文类

［1］李福华. 高等学校学生主体性研究［D］. 上海：华东师范大学，2003.

［2］郭晓杰. 大学生中华优秀传统文化教育的人学维度研究［D］. 济南：山东师范大学，2016.

［3］宋丹. 当代大学生家国情怀培育研究［D］. 石家庄：河北师范大学，2021.

［4］程为民. 当代大学生中华优秀文化认同研究［D］. 武汉：武汉大学，2017.

［5］苏威. 当代中国人的精神生活困境及其超越研究［D］. 长春：东北师范大学，2018.

［6］王芳恒. 冯友兰社会文化观研究［D］. 北京：中央民族大学，2003.

［7］罗雄. 高等学校时代新人培育研究［D］. 湘潭：湘潭大学，2020.

［8］杨光. 高校思想政治教育以文化人研究［D］. 长春：东北师范大学，2018.

［9］叶长红. 高校文化育人的人学透视［D］. 武汉：华中科技大学，2019.

［10］郝桂荣. 高校文化育人研究［D］. 沈阳：辽宁大学，2017.

［11］赵海英. 论主体性的历史生成［D］. 长春：吉林大学，2005.

［12］翟媛丽. 人的文化生成［D］. 北京：北京交通大学，2017.

［13］何东亚. 人民主体论［D］. 北京：中共中央党校，2018.

［14］徐瑞矫. 时代新人培养研究［D］. 西安：西安理工大学，2020.

［15］吴广庆. 思想政治教育的文化融入研究［D］. 北京：中共中央党校，2013.

［16］刘锋. 现阶段我国人的精神文化需要研究［D］. 北京：中共中央党校，2010.

［17］翟玉华. 新时代大学生思想政治教育以文化人研究［D］. 重庆：西南大学，2020.

［18］焦艳. 新时代大学生家国情怀培育研究［D］. 桂林：广西师范大学，2022.

［19］邱尹. 新时代大学生家国情怀培育研究［D］. 贵阳：贵州师范大学，2021.

［20］白永生. 新时代高校文化育人研究［D］. 桂林：广西师范大学，2020.

［21］张宏. 用中华优秀传统文化培育文化自信研究［D］. 沈阳：辽宁大学，2019.

［22］丁恒星. 中国传统文化的开掘与思想政治教育的创新［D］. 徐州：中国矿业大学，2018.

［23］欧阳骞. 中华文化走出去战略研究［D］. 北京：北京外国语大学，2023.

［24］郑君. 中华优秀传统文化的思想政治教育价值研究［D］. 长春：东北师范大学，2022.

［25］晏振宇. 中华优秀传统文化融入大学生思想政治教育研究［D］. 济南：山东大学，2021.

［26］冯帆. 儒家君子人格涵育新时代大学生价值观研究［D］. 合肥：安徽大学，2022.

［27］马恬. 中华优秀传统文化在培育时代新人中的作用研究［D］. 太原：山西师范大学，2019.

［28］宋慧. 中华优秀传统文化涵育大学生文化自信研究［D］. 长沙：湖南师范大学，2020.

［29］姜琦. 以革命文化培育时代新人研究［D］. 福州：福建师范大学，2020.

后　记

　　世界历史出现过很多民族创造文化的情况,但是他们只完成了第一步,却没有用文化来融凝民族。正如钱穆所言:"世界上亦有某等民族,他们不仅能创造出一套优秀的文化,而他们所创造的那一套文化,又能回头来融凝此民族,使此民族逐步绵延扩展,日久日大,以立于不败之地,这便是我中华民族之特质,亦即我中华文化之特征。"❶从未有哪个民族像中华民族这样,能够利用传统文化的巨大凝聚力使本民族所创造的文化连绵不断地传承至今。正是中华儿女在几千年的艰苦奋斗中创造的中华优秀传统文化,反过来又成为凝聚中华民族的伟大力量,并塑造了中华民族独特的道德品格,证实了中国人的文化主体存在,涵养了中国人独特的精神品质。中华优秀传统文化承载着中华民族的历史记忆,是中国人之所以为中国人的精神确证。中华优秀传统文化是中华民族的宝贵精神财富,是新时代中国人的精神归宿,是中国式现代化道路上的文化坐标,将会为推动世界文明的发展作出更大的贡献。时代新人是对"培养什么人"育人目标的新时代话语表述,是传承与弘扬中华优秀传统文化的主力军,肩负着重要的文化使命,也是中华民族伟大复兴的后备力量。中华优秀传统文化与时代新人虽然是产生于不同时空的相异概念,但它们之间有着高度的契合性,时代新人离不开中华优秀传统文化的浸润、滋养与培育,中华优秀传统文化

---

❶ 钱穆. 民族与文化 [M]. 贵阳:贵州人民出版社,2019:136.

中所内蕴的价值观念、思想文化、道德精神与人文情怀等伦理内涵对培养有理想、有本领、有担当的时代新人仍有巨大的涵育价值。新时代建构中华优秀传统文化的创新体系依靠时代新人的主体力量发挥，时代新人能够为中华优秀传统文化的传承与创新增添更多的"青春气息"和"新时代印记"。中华民族伟大复兴的实现既需要深深扎根于中华优秀传统文化的土壤，也需要凝聚时代新人的精神力量，发挥时代新人的能力。

新时代如何发挥中华优秀传统文化涵养与培育时代新人的重要功能，将中华优秀传统文化植入时代新人的内心，得到时代新人的认可与文化认同，是对"培养什么人""如何培养人"的新时代回应，也是当前文化领域与教育领域亟待探讨的重要课题。以中华优秀传统文化涵育时代新人是传承与弘扬中华优秀传统文化和塑造德智体美劳全面发展的时代新人的双重实践过程。因而，将中华优秀传统文化真正融入时代新人的成长与发展，需要从多个层面入手，如推动文化创新、发挥教育基础性作用，以及强化文化实践体验、营造健康的文化涵育氛围等。同时，要注重中华优秀传统文化的价值引领和文化认同，让时代新人在传承和弘扬中华优秀传统文化的过程中，不断树立文化自觉意识、增强文化自信与民族自豪感，牢牢站稳中华优秀传统文化的中国立场，对内对外讲好中华优秀传统文化的中国故事，向世界人民发出铿锵有力的中国声音，为实现中华民族伟大复兴的中国梦贡献自己的力量。

中华优秀传统文化涵育时代新人是一个系统化的体系，也是新时代教育领域与文化领域亟须解决的重要课题，但对此课题的研究还存在一定的困难和不足之处。中华优秀传统文化还存在大量的亟待挖掘的精神资源，本书只是选取部分中华优秀传统文化的伦理内容以供涵育时代新人参考，无法涵盖几千年来形成的中国传统文化的物质成果、制度成果与文明成果。在搜集资料与文献的过程中，笔者深感迄今关于本课题相关资料的欠缺，同时由于笔者的知识储备有限、写作逻辑能力与论证力欠缺等因素，本课题的研究还存在一定的短板。笔者诚挚期望广大读者积极提出意见和建议，为笔者更好地理解和解决课题中的问题提供宝贵的指导；同时，也欢迎各位学者在相关领域的研究中分享自己的见解和经验，以推动本课题研究朝着更为系统、深入的方向发展。通过协同合作，笔者期望为本课题的理论构建和实际应用提供更为可靠的支持，共同促进中华优秀传统文化在涵育时代新人方面的研究取得更为显著的成果。